WERDEN SIE EIN ECHTER AQUARIANER!

Der komplette Leitfaden für das Süßwasseraquarium

von

"Mejor Acuario"

2. Auflage. Aktualisiert 2023.

Erweiterte Ausgabe. Deutsch.

ISBN: 9798866529056

DANKSAGUNGEN

Es ist mehr als ein Jahrzehnt her, dass ich mich für Aquarien zu interessieren begann. In den letzten Jahren habe ich meine Freizeit dazu genutzt, anderen Kollegen zu helfen, ihre Projekte zu starten und ihre Probleme zu lösen.

Mein Dank gilt mehr als 50 Personen, die mich irgendwann um Hilfe gebeten haben, denn dank Ihnen war es möglich, das Wissen zu sammeln, das in diesem Buch steht und das ich nun mit allen teilen kann und möchte, denen es nützlich sein könnte. Projekt für Projekt haben wir die Ausrüstung und Technik angepasst und perfektioniert, bis wir einfache Richtlinien gefunden haben, die anwendbar sind und als Leitfaden für alle unsere Projekte dienen.

Danke an die Mitarbeiter, die mehr oder weniger zur Entstehung von "Mejor Acuario" beigetragen haben: die Website, das Buch, die sozialen Netzwerke usw. An die Kollegen, deren Videos erwähnt wurden, dafür, dass sie mir erlaubt haben, die Informationen zu erweitern und die Inhalte ihrer Kanäle zu veröffentlichen. Und auch an "Aquarium Centrofama", das an der Korrektur des Manuskripts für die 2. Ausgabe mitgearbeitet hat.

Das Schreiben dieses Buches war keine leichte Aufgabe und manchmal war ich kurz davor, aufzugeben. Ohne die Unterstützung meiner Familie, insbesondere meiner Partnerin Marta, Lola, meiner Mutter und meiner Schwester Alicia, hätte ich es nicht geschafft.

Auf Facebook: https://www.facebook.com/Mejor-Acuario-100153475359250

Und auf Instagram: https://www.instagram.com/mejor_acuario/

INHALTSVERZEICHNIS

INLEITUNG

Zunächst einmal möchten wir Ihnen dafür danken, dass Sie sich für dieses Buch entschieden haben. Es ist eine großartige Gelegenheit für uns, unser Wissen und unsere Erfahrungen mit Ihnen zu teilen, und wir sind überzeugt, dass Sie es sehr nützlich finden werden.

Alle von uns, die ohne einen guten Leitfaden in das Aquarienhobby eingestiegen sind, haben unnötige Produkte und unzureichende oder minderwertige Ausrüstung gekauft. Darüber hinaus haben wir ohne das nötige Wissen einen Fehler nach dem anderen gemacht. Als Folge dieser Fehlentscheidungen treten in unseren Aquarien Probleme auf, die viele Mitstreiter demotivieren und schließlich dazu führen, dass sie das Hobby aufgeben. Aber keine Sorge, denn mit diesem Buch lernen Sie auf die einfachste und kostengünstigste Art und Weise und in kürzester Zeit, wie Sie ein Projekt von Grund auf aufbauen und es unter hervorragenden Bedingungen pflegen können.

Was ist ein Aquarium? Ein Aquarium ist eine Nachahmung der Natur. Sie schaffen ein Ökosystem, das die idealen Bedingungen für das Leben der Lebewesen, die es bewohnen, aufweisen muss; das ist das **Hauptziel des Buches:** *Sie werden in der Lage sein, ein Ökosystem zu schaffen und zu erhalten, das die idealen Bedingungen für das Leben jeder der darin lebenden Tier- und Pflanzenarten bietet. (Sie werden im Laufe des Buches sehen, dass wir die Worte Aquarium und Ökosystem als Synonyme verwenden).*

Der wichtigste Teil dieses Ökosystems ist das Wasser. Wasser ist für Fische das, was für uns die Luft ist. Wenn das Wasser unzureichend oder verschmutzt ist, werden die Fische krank, leiden und sterben schließlich, bevor sie ihre Lebenserwartung erreichen. Um ein hervorragendes Wasser für Ihre Tiere und Pflanzen zu erhalten, **ist Ihre Aufgabe ganz einfach: Sie müssen** *die Faktoren kennen und beherrschen, die die Parameter und die Qualität des Wassers beeinflussen und verändern*:

- Der Filter und die Filtermedien.
- Wassertemperatur, Härte, pH-Wert...
- Die Zersetzung organischer Stoffe und der Stickstoffkreislauf.
- In Wasser gelöste Gase.
- Reinigung und sonstige Pflege.
- Etc.

Wie es funktioniert und wie man das Ökosystem verwaltet, wird hauptsächlich im zweiten Teil des Buches behandelt. Genauso wichtig ist aber auch die Wahl der richtigen Ausrüstung:

Der Filter, das Filtermaterial, der Bodengrund, die Beleuchtung... und sogar eine Pumpe, um Blasen zu erzeugen, sind Teil des Ökosystems und beeinflussen es. Im ersten Teil des Buches erfahren Sie, wie Sie nach und nach alle Komponenten Ihres Aquariums auswählen können. Wir empfehlen Ihnen jedoch, wenn Sie noch keine Ausrüstung haben, nichts zu kaufen, bevor Sie nicht die beiden Teile dieses Buches gelesen haben. Auf diese Weise haben Sie alle Möglichkeiten gesehen und können entscheiden, was Ihr Projekt ist und wie Sie die Ausrüstung für die Umsetzung auswählen.

Lassen Sie uns nicht vergessen, dass unsere Tiere und Pflanzen Lebewesen sind, dass sie einen natürlichen Lebensraum hatten und dass ihr Leben von uns abhängt, sobald der Mensch sie aus ihrem Lebensraum herausgenommen hat. Wir glauben, dass ein Aquarium zu Hause auch eine kleine Verpflichtung ist. Es liegt an jedem einzelnen von uns, das Leben unserer Tiere und Pflanzen zu respektieren.

Es ist nicht ungewöhnlich, dass sowohl Anfänger als auch langjährige Aquarianer immer wiederkehrende Probleme in ihren Ökosystemen haben: ihre Fische werden krank, ihre Pflanzen sterben, ihr Wasser ist trüb und voller Algen und so weiter. Wenn Sie dieses Buch zu Ende gelesen haben, werden Sie die Mechanismen, durch die jedes einzelne Problem entsteht, vielleicht nicht ganz verstehen, und auch Kollegen, die als Experten in diesem Hobby gelten, können es oft nicht mit Sicherheit feststellen. Aber das macht nichts, denn das ist weder der Schlüssel zur Lösung.

Es gibt viele Variablen und viele mögliche Ursachen und Folgen eines Problems. Wenn Sie die Tipps befolgen, die wir hier anbieten, **werden Sie lernen, die Faktoren zu beherrschen, die die Parameter und die Qualität Ihres Wassers verändern**. Auf diese Weise werden Sie wahrscheinlich nie mit einem dieser Probleme konfrontiert werden. Und wenn doch, dann wissen Sie, was **die** Lösung ist. ***Die ultimative Lösung der Probleme besteht darin,*** *die Faktoren zu korrigieren (Filtration, Temperatur, GH, Reinigung von Abfallprodukten...), die wir vernachlässigt haben, um das Gleichgewicht wiederherzustellen.*

Ein gesundes und ausgewogenes Ökosystem führt bei richtiger Pflege zu gesunden Fischen. Sie sind widerstandsfähiger gegen Parasiten, Bakterien, Pilze, Verdauungsprobleme und jede andere Art von erworbenen Krankheiten. Und sie werden ihre Lebenserwartung erfüllen, bis sie an anderen natürlichen Ursachen wie Alterung, Neoplasmen, genetischen Krankheiten oder anderen Problemen, die außerhalb unserer Reichweite liegen, sterben.

Auf die gleiche Weise und gleichzeitig mit der Kontrolle dieser Faktoren (Filterung, Pflege, Wasserparameter...) werden wir die Wahrscheinlichkeit der Algenvermehrung verringern, das Wasser wird kristallklar sein (ein ausgeglichenes und stabiles Aquarium hat kein trübes Wasser) und unsere Pflanzen werden, wenn wir ihnen die nötige Pflege zukommen lassen, kein Problem haben, sich zu entwickeln und auch Teil unseres Ökosystems zu sein.

Es gibt viele Arten von Ökosystemen, die wir in unseren Aquarien imitieren können. In diesem Buch erfahren Sie, wie Sie Süßwasseraquarien einrichten können, sowohl "Kaltwasser" als auch "warmes oder tropisches Wasser" mit allen Arten von Tieren und Pflanzen. Und wir geben Ihnen die Säulen an die Hand, die Ihr aktuelles Projekt und all Ihre zukünftigen Projekte unterstützen. So können Sie Ihr Ökosystem an fast jede Tier- oder Pflanzenart anpassen und haben auch die Möglichkeit, ganz einfach ein "Biotop" (eine originalgetreue Nachbildung eines bestimmten aquatischen Ökosystems) zu schaffen.

Abgesehen von der Wasserqualität müssen Sie wissen, dass jede Tierart spezifische Pflege und Bedingungen benötigt, damit sich Ihre Tiere maximal wohlfühlen: Die ideale Größe des Beckens, die ideale Dekoration, die Wasserhärte, die Kompatibilität zwischen den Arten, die Fütterung usw. sind von Art zu Art unterschiedlich. Es ist wichtig, notwendig **und einfach,** die Bedürfnisse unserer Tier- und Pflanzenarten zu kennen. Und wir haben zwei Möglichkeiten: das Aquarium an die Arten anzupassen, die wir mögen, oder die Arten entsprechend den Eigenschaften unseres Aquariums auszuwählen. Wir zeigen Ihnen, wie man das macht.

Ein Aquarium ist etwas Persönliches, manche haben Pflanzen und andere nicht, manche mögen Garnelenbecken, andere mögen Gesellschaftsaquarien und wieder andere lieben Salamander. **Manche Aquarien erfordern mehr Zeitaufwand, mehr Pflege und eine größere wirtschaftliche Investition und andere weniger.** Um das Hobby in vollen Zügen genießen zu können, sollte letzteres mit Ihrer persönlichen Situation und Ihren aktuellen Wünschen übereinstimmen. *Wir helfen Ihnen bei der Auswahl des Projekts, das am besten zu Ihnen passt.*

Wenn wir uns um unser Ökosystem kümmern, erfreuen sich unsere Tiere und Pflanzen einer guten Gesundheit und das wird sich auch auf uns selbst übertragen. Dieses Hobby kann Ihr persönliches Refugium werden. Es kann eine Gelegenheit sein, einen Ort zum Nachdenken zu schaffen und Ihre Probleme aus einer anderen Perspektive zu sehen.

TEIL 1

"AQUARIENAUSSTATTUNG"

Fangen wir an!

Obwohl der erste Teil mit "Ausrüstung" betitelt ist und sich auf die Materialien und Produkte konzentriert, die wir benötigen, werden auch Aspekte der "Technik" auftauchen. Darunter verstehen wir "die Fähigkeit des Aquarianers, die Parameter seines Ökosystems zu verwalten und eine Wasserqualität zu erreichen und zu erhalten, die für das Leben von Tieren und Pflanzen geeignet ist".

Ziel dieses ersten Teils ist es, dass Sie in der Lage sind, ein Aquarium von Grund auf einzurichten und die Produkte, die Sie benötigen, aus allen verfügbaren Optionen auszuwählen. Ganz gleich, ob Sie gerade erst in die Welt der Aquaristik einsteigen oder schon ein paar Jahre dabei sind, es wird Ihnen nützlich sein.

Wir möchten auch, dass Sie am Ende des Buches die häufigsten Probleme kennen, mit denen Sie konfrontiert werden. Diese werden oft durch unzureichende Ausrüstung und/oder schlechtes Aquarienmanagement verursacht. Die Lösungen werden sowohl im ersten als auch im zweiten Teil des Buches entwickelt. Daher empfehlen wir Ihnen, keine ganzen Kapitel zu übersehen, auch wenn Sie sie mehr oder weniger ausführlich lesen.

Denken Sie daran, dass das Aquarium ein relativ komplexes Ökosystem ist, dass viele Variablen eine Rolle spielen (Licht, Pflanzen, Filterung, Art und Anzahl der Fische und anderer Tiere, Pflanzen oder nicht, Art des Substrats, Dünger, Mikroorganismen, chemische Zusätze...) und dass Fälle wie die folgenden häufig vorkommen:

José Luis schrieb uns über ein Algenproblem in seinem letzten Projekt:

Ein bepflanztes Aquarium von 70 Litern, beleuchtet mit einem LED-Licht von etwa 30 Watt und 6000 Lumen. Ein Rucksackfilter mit geeigneten Eigenschaften für diese 70 Liter, mit biologischer Filterung und Schaumstoffschwamm. Kies als Substrat. Gedüngt mit Kalium und wöchentlichen Wasserwechseln von 30%. Etwa 35 Fische, die meisten davon Guppys.

Das Problem: *Jose hatte seit Monaten eine Explosion von grünen Fadenalgen und es wurde jeden Tag schlimmer. Ähnlich wie auf diesem Bild:*

Er erklärte mir, dass er alles versucht hatte: Wasserwechsel alle 2 Tage bis zu 50%, Wasserstoffperoxid, Glutaraldehyd, Beschneiden der am stärksten befallenen Blätter und Reduzierung der Photoperiode. Ich hatte einige Nitrat- und Phosphattests gekauft, die mit den Wasserwechseln, die ich machte, 0 waren. Das Algenproblem besserte sich, aber sobald ich die Lichtstunden erhöhte und zu wöchentlichen Wasserwechseln zurückkehrte, traten die Algen wieder auf, auch wenn die Nitrat- und Phosphatwerte nahe bei 0 lagen.

Die Lösung: Wechseln Sie das biologische Filtermaterial (das mehr als 5 Jahre alt war). Verringern Sie den Aquarienbestand: Die Anzahl der Fische war für ein *solches Aquarium* zu hoch *und Sie mussten sich überlegen, für einige von ihnen ein neues Zuhause zu finden.* ***Und schließlich, und das ist wahrscheinlich die wichtigste Maßnahme, sollten Sie Pflanzenarten finden, die sich an Ihr Aquarium anpassen und gut darin wachsen.*** *Vor allem preiswerte, leicht zu pflegende und schnell wachsende Pflanzen (Schwimmpflanzen, Hornkraut, Ambulia und Elodea sind einige Beispiele).*

Und warum? Die *Überfüllung des Aquariums, gepaart mit Filtermedien, die ihre Nutzungsdauer überschritten hatten, und langsam wachsenden Pflanzen, die sich nicht gut an die Bedingungen im Aquarium anpassten, begünstigten einen Überschuss an Nährstoffen (Nitrate, Phosphate und andere) im Wasser, was zu einem schnellen Algenwachstum führte.* ***Das gesunde Wachstum unserer Pflanzen kann das Wasser reinigen (sie verbrauchen Nährstoffe für ihr Wachstum), unsere Tiere schützen und das Algenwachstum kontrollieren.***

Wenn Sie den Inhalt nicht verstanden haben, machen Sie sich keine Sorgen, Sie werden ihn im Laufe des Buches verstehen.

WAS SOLLTEN SIE ALS ERSTES WÄHLEN?

Das Becken, der Filter und die Beleuchtung.

1 DER TANK

Dies ist der Behälter, der das Wasser, die Steine, die Stämme, die Pflanzen, das Substrat, die Fische usw. aufnehmen wird. Das Aquarium muss Ihrem Budget entsprechen, aber auch von guter Qualität sein.

Wir können ein Aquarium nicht mit irgendeinem Behälter einrichten, da die Gefahr besteht, dass Wasser durch Risse, Brüche oder schlechte Abdichtung des Silikons austritt.

Es gibt viele Aquarien auf dem Markt. **Ein neues Qualitätsaquarium ist in Spanien ab 80 Euro pro 100 Liter zu haben.**

Was ist optisches Glas? Es handelt sich um ein Glas mit größerer Transparenz, fast 100 %, das die Schärfe verbessert, mit der wir durch es hindurchsehen können. Der Nachteil ist, dass es ein bisschen teurer ist und leichter verkratzt. Es gibt in Spanien und wahrscheinlich auch in dem Land, in dem Sie gerade lesen, Unternehmen, bei denen Sie maßgeschneiderte Aquarien bestellen können, indem Sie zum Beispiel nur die Frontscheibe des Aquariums aus optischem Glas und eine bestimmte Größe für das Becken wählen.

Was ist ein Acryl-Aquarium? Sie werden aus einer Art Kunststoff hergestellt. Ihr Vorteil ist, dass sie leichter sind und auf viele Arten geformt werden können. Der Nachteil ist, dass sie im Laufe der Jahre an Transparenz verlieren und leichter zerkratzt werden können. Außerdem sind sie in der Regel teurer.

1.1 ALLGEMEINE EMPFEHLUNGEN FÜR IHRE WAHL

- **Der Schrank.** Je größer das Volumen in Litern ist, desto schwieriger ist es, zu Hause ein Möbelstück zu finden, das das Gewicht des Aquariums tragen kann. Ab 90 Litern (oder sogar weniger) sollten Sie den Kauf eines speziellen Aquarienschranks in Betracht ziehen. Wenn Sie es sich leisten können, empfehlen wir Ihnen, einen speziellen Schrank zu kaufen.
- **Das Budget.** Der Preis für die Ausstattung (Filter, Beleuchtung...) eines 100-Liter-Aquariums ist im Vergleich zu einem 200-Liter-Aquarium ungefähr doppelt so hoch (bei ähnlichen Projekten, bei denen sich nur das

Volumen des Beckens ändert). Es ist besser, ein relativ kleines Aquarium zu haben, das gut ausgestattet ist, als ein großes, schlecht ausgestattetes Aquarium.

- **Das Volumen des Beckens.** Wenn es sich um Ihr erstes Aquarium handelt, ist ein Becken zwischen 70 und 150 Litern am besten geeignet (wenn Sie ein größeres oder kleineres Aquarium wünschen, ist das natürlich kein Problem). Etwas weiter unten werden wir Ihnen den Grund für diese Empfehlung erklären.
- **Die Form des Tanks.** Wir empfehlen, dass Sie einen rechteckigen oder quadratischen Tank wählen. Sie sind platzoptimiert und voll ausgenutzt.

TANK FORM

- **Panoramisch**: Rechteckig mit gewölbtem Frontglas. Verformt das Bild des Innenraums leicht.
- **Sphärisch** (Glaskugeln). Unpraktisch, der Platz wird nicht gut genutzt und viele Liter gehen verloren. Sie bräuchten eine sehr große Kugel, um ein 40-50-Liter-Aquarium mit dieser Form zu haben. Außerdem hat das kugelförmige Becken kaum eine Oberfläche für den Sauerstoffaustausch zwischen Wasser und Luft.
- **Zylindrisch**: Das hängt von Geschmack und Standort ab. Es könnte die Mitte eines Raumes sein.
- **Halbzylindrisch:** Sie haben die Form eines halben Zylinders. Das Bild wird deformiert und es wird weniger Platz benötigt, aber es könnte eine Option sein, die Sie je nach zukünftigem Standort in Betracht ziehen sollten.
- **Ecke.** Sie sind in einer dreieckigen Form angeordnet und decken eine Ecke ab.

1.2 WAS IST DIE RICHTIGE LAUTSTÄRKE?

Wie wir schon sagten, kommt es zunächst auf den Platz an, den wir zu Hause haben (oder den Ort, an dem wir das Aquarium aufstellen möchten) und auf das Budget. Je mehr Liter Sie haben, desto schwieriger ist es, dass eines unserer Möbel das Gewicht des Aquariums tragen kann. Ab 90-100 Litern ist ein spezielles Möbelstück für Aquarien sehr empfehlenswert.

Andererseits empfehlen wir Ihnen auch, wenn Sie sich (nach der Lektüre des Buches) noch nicht im Klaren darüber sind, welches Projekt Sie verwirklichen möchten, mit der Wahl der Größe des Tanks zu beginnen. Ein Volumen zwischen 70 und 150 Litern ermöglicht Ihnen eine Vielzahl von Projekten, zu einem vernünftigen Preis und mit relativ wenig Wartungsaufwand.

Aus ästhetischen Gründen ist auch die Größe des Raums, in dem das Aquarium stehen wird, wichtig. Wenn jemand zum Beispiel ein 40 Quadratmeter großes Wohnzimmer hat, wird ein 50-Liter-Aquarium wahrscheinlich weniger auffällig sein. Andererseits könnte ein 400-Liter-Aquarium in einem kleinen Raum übertrieben sein. Diese Frage ist sehr persönlich und hängt von jedem Einzelfall ab. Mit einem Maßband können Sie das Aquarium visualisieren und eine Vorstellung von den idealen Maßen bekommen, die Sie in Ihrem Fall benötigen.

WARUM EMPFEHLEN WIR EINEN ERSTEN TANK ZWISCHEN 70 UND 150 LITERN?

Erstens wegen der Schwierigkeit, die Ökosystemparameter zu steuern. Schwankungen der Temperatur und anderer Wasserparameter, erhöhte Konzentrationen toxischer Substanzen (wie Ammonium aus Fischkot und anderen sich zersetzenden organischen Stoffen) und andere Prozesse laufen langsamer ab, wenn das Aquarium ein größeres Wasservolumen hat. Mit anderen Worten: Je größer das Wasservolumen, desto stabiler ist das Ökosystem des Aquariums. **Diese Vorteile sind ab einer Wassermenge von 100 Litern nicht mehr so wichtig.**

Zweitens, je höher das Volumen, desto höher die wirtschaftlichen Kosten und die **Wartungszeit**.

Schließlich ermöglichen Volumina zwischen 70 und 150 Litern eine große Vielfalt an Projekten. Je mehr Liter unser Becken hat, desto größer sind im Allgemeinen die Möglichkeiten, denn es gibt Fischarten, die aufgrund ihrer Größe Becken mit größerem Volumen benötigen. In jedem Fall hat jedes Projekt seine eigene Bandbreite an empfohlenen Volumina.

1.3 ARTEN VON PROJEKTEN

Dies ist kein Buch, in dem Sie lernen, wie man speziell ein Biotop-Aquarium einrichtet, sondern ein Buch, in dem Sie die Grundlagen jeder Art von Aquarium kennenlernen. Wir können sie in zwei Typen einteilen:

- **Gemeinsames, gemeinsames oder gemeinschaftliches Aquarium:** In diesem Aquarium lebt eine Vielzahl von Fisch-, Wirbellosen- und Pflanzenarten nebeneinander. Es ist wichtig zu wissen, dass nicht alle Pflanzen- und Tierarten in demselben Aquarium koexistieren können. Später werden wir sehen, wie Sie überprüfen können, ob sie kompatibel sind. Wir können sie sowohl bei Amateuren finden, die gerade erst anfangen, als auch bei denen, die sich schon seit Jahren engagieren.
- **Biotop-Aquarium:** Diese Aquarien reproduzieren die allgemeinen Bedingungen einer bestimmten tropischen Region, wobei die Wasserzusammensetzung, die Temperatur und die Pflanzenarten berücksichtigt werden, um Fische und andere in dieser Region heimische Tiere zu halten. Noch präziser geht es mit Aquarien, die einen ganz bestimmten Bereich eines Fluss-Ökosystems nachbilden, zum Beispiel. Diese Arten von Aquarien bieten ebenfalls große Zufriedenheit und ermöglichen es den Fischen, ihre natürlichen Verhaltensweisen frei auszuleben. Diese Art von Aquarien kann auch in den folgenden Typ eingeteilt werden.
- **Aquascaping-Aquarium:** Das ist die Kunst und Technik, Steine, Felsen, Pflanzen, Holz, Fische und andere Tiere in einem Aquarium ästhetisch zu kombinieren. Die Aquascaping-Designs weisen verschiedene Stile auf, wie z.B. die Aquarien im holländischen Stil (bepflanzt wie ein Garten) oder die Aquarien im japanischen Stil, die von der Natur inspiriert sind (wie z.B. der Iwagumi-Stil oder naturalistische Landschaftsgestaltung). Es gibt aber auch andere Stile wie den Dschungel-Stil, Biotop-Aquarien (was auch eine Art der Landschaftsgestaltung wäre), Paludarien und, im Falle von Meerwasseraquarien, Meerwasserriffe.

1.4 WAS SIND DIE IDEALEN MAßE?

- **Länge.** Das hängt vor allem von dem Platz ab, den Sie haben, und von dem Projekt, das Sie verwirklichen möchten. Aber auch von Ihrem Budget und der Zeit, die Sie in das Aquarium investieren können. Je länger, desto mehr Volumen und desto mehr Kosten und Wartungsaufwand.

- **Höhe.** Sie sollte im Einklang mit der Länge und Breite stehen (aus ästhetischen Gründen). Und je höher die Höhe, desto mehr Druck übt das Wasser aus; Sie benötigen ein dickeres Glas.

  Wenn Sie Pflanzen einsetzen möchten, bedenken Sie, dass das Licht mit der Tiefe an Intensität verliert, so dass Sie mehr in die Beleuchtung investieren müssen. Um die Pflege zu erleichtern und Probleme mit schlechter Beleuchtung in Aquarien mit Pflanzen zu vermeiden, empfehlen wir, keine bepflanzten Aquarien in Becken mit einer Höhe von mehr als 50-60 cm einzurichten.
  Es sollte auch beachtet werden, dass die geringe Höhe die Mobilität einiger Fischarten wie "Pterophyllum scalare" (Skalar fisch) einschränken kann.

Schließlich bieten hohe und schmale Aquarien weniger Oberflächenkontakt mit der Luft als breite und niedrige Becken. **Warum ist das wichtig?** Die Wasseroberfläche ist der Ort, an dem der Gasaustausch stattfindet, an dem Sauerstoff ins Wasser gelangt und CO2 entweicht. Ein Becken mit weniger exponierter Wasseroberfläche begünstigt die Notwendigkeit zusätzlicher Ausrüstung, um sicherzustellen, dass Ihr Ökosystem ausreichend Sauerstoff erhält. In jedem Fall ist die Lösung für dieses mögliche Problem einfach, es reicht aus, eine Luftpumpe anzubringen (wir werden sie später sehen).

- **Breite**. Je größer die Breite, desto mehr Möglichkeiten haben Sie, mit dem Raum und den Ebenen zu "spielen". Wenn Sie das Aquarium durch die Frontscheibe betrachten, entsteht ein Effekt, der die Tiefe geringer erscheinen lässt, als sie tatsächlich ist. Eine Breite von 30-35 cm wäre optimal. Bei rechteckigen Aquarien empfehlen wir aus ästhetischen und funktionalen Gründen, dass die Breite mindestens die Hälfte der Länge beträgt (obwohl dies je nach Art des Projekts sehr unterschiedlich sein kann).

1.5 WIE VIEL LITER FASST IHR TANK?

Volumen (in Litern) = Länge (cm.) **x** Höhe (cm.) **x** Tiefe (cm.) **/** 1.000
Beispiel: Ein Tank von 100 cm **x** 50 cm **x** 40 cm = 200 Liter

1.6 MERKMALE DER AQUARIEN NACH IHRER GRÖßE

Diese Klassifizierung nach Größe gibt es nicht als solche, wir haben sie für Sie zu didaktischen Zwecken erstellt.

- **Nano-Aquarien bis zu 10 Litern.** Sehr geringer Lichtbedarf. Sehr geringe Investition. Instabile Aquarien, nicht für Anfänger geeignet.

- **Kleine Aquarien 10 - 60 Liter.** Innen- oder Rucksackfilter, geringer Lichtbedarf. Geringe Investition. Instabile Aquarien. Für Projekte, die mit Nano-Aquarien vergleichbar sind, wobei Sie auch größere Arten als im vorherigen Fall aufnehmen können.

  Kleine und **Nano-Aquarien** (von 5 bis 50 oder 60 Litern) sind etwas komplexer zu betreiben als mittelgroße Aquarien. Es mag wie ein Widerspruch erscheinen, aber die Wahrheit ist: Je kleiner ein Aquarium ist, desto schneller ändern sich die Wasserparameter und desto schwieriger ist es zu verwalten.

  Aus diesem Grund werden sie in der Regel nicht für Anfänger in der Aquaristik empfohlen. In jedem Fall können Nano-Aquarien und kleine Aquarien ideal für die Haltung kleiner Fische oder Garnelen sein. Außerdem haben sie den Vorteil, dass sie viel preiswerter sind und eine schöne und überschaubare Bepflanzung haben.

- **Aquarien von 60 - 200 Litern.** Rucksackfilter, externe Filter vom Typ "Kanister" (am meisten empfohlen) und in einigen Fällen interne Filter (nicht empfohlen). Sie benötigen stärkere Beleuchtungsschirme (wenn Sie Pflanzen im Aquarium haben möchten). Die durchschnittliche Investition liegt zwischen 200 und 1000 Euro (je nach Volumen des Beckens und der Art des Projekts). Im ersten Teil erfahren Sie, wie Sie ein Budget erstellen. Am Ende des Buches finden Sie 2 Beispiele. Stabile Aquarien. Empfohlen für Anfänger. In ihnen können Sie eine Vielzahl verschiedener Projekte verwirklichen.

- **Aquarien von mehr als 200 Litern.** Externer Kanister- oder Rucksackfilter (in Ausnahmefällen und bei hoher Wahrscheinlichkeit, dass Sie mehr als einen benötigen). Sehr hohe Investition, insbesondere wenn Sie Pflanzen einsetzen möchten. Stabile Aquarien. Aquarien mit mehr als 400 - 500 Litern sind für Anfänger nicht zu empfehlen, da die Pflege kompliziert ist (unter anderem, wenn wir wöchentliche Wasserwechsel von 20-30% des Gesamtvolumens eines Aquariums von 400 Litern vornehmen, wären das 80-100 Liter pro Woche).

1.7 DIE GRÖẞE DES AQUARIUMS UND DIE ANZAHL DER FISCHE

Wie viele Fische und welche Arten kann ich in mein Aquarium setzen? Wir haben dieses Thema in dieses Kapitel aufgenommen, weil eine sehr häufige Frage, wenn wir uns entscheiden, unser erstes Aquarium einzurichten, lautet: Wie viele Fische kann ich in das Aquarium setzen? Es gibt zwei Möglichkeiten, diese Frage zu beantworten:

1. **Richten Sie ein spezielles Aquarium oder ein Biotop-Aquarium ein:** Sie mögen eine bestimmte Art oder Gruppe von Fischarten und möchten ein Aquarium für diese einrichten. Wenn Sie zum Beispiel ein Aquarium für den Tanganjikasee einrichten möchten, benötigen Sie ein Mindestvolumen von 120-200 Litern für die **ausgewachsenen Tiere, die Sie** aufnehmen möchten.

2. **Die Wahl der richtigen Arten für Ihr ideales Aquarium: Dies ist der häufigste Fall für diejenigen, die neu in der Aquaristik sind.** Sie werden das Volumen Ihres Aquariums nach dem verfügbaren Platz zu Hause, Ihrem Budget, Ihrer Zeit und Ihrem persönlichen Geschmack auswählen, oder Sie haben dies bereits getan. Die Frage ist: **Wie wählt man die Arten aus und bestimmt die Anzahl der Fische für Ihr Aquarium?**

In beiden Fällen **finden Sie die Antwort in Kapitel 14: "Die Bewohner des Aquariums" .**

1.8 ABGEDECKTES ODER NICHT ABGEDECKTES AQUARIUM

Das ist eine Frage, die wir uns auch von Anfang an stellen müssen, denn oft treffen wir aufgrund mangelnder Informationen eine falsche Entscheidung. Wenn wir uns für ein maßgefertigtes Aquarium entschieden haben (was unsere Empfehlung ist und wir später sehen werden), haben wir die Möglichkeit, einen Deckel zu kaufen oder nicht (der Deckel kostet 20-30 Euro **mehr für** ein 100-Liter-Aquarium).

Außerdem kann diese Entscheidung ausschlaggebend dafür sein, KEIN Aquarienset zu kaufen, da diese mit einer im Deckel enthaltenen Lampe geliefert werden.

A. VORTEILE DES ÜBERDACHTEN AQUARIUMS

- **Weniger Wasserverdunstung.** Sie müssen weniger häufig Wasser in das Aquarium einfüllen.
- **Sie schützt ihn vor äußeren Einflüssen** wie Aerosolen, Produkten und anderen Gegenständen, die ins Innere fallen könnten.
- **Verhindert, dass Fische aus dem Aquarium springen**.

- **Wenn Sie Haustiere haben**, ist das vielleicht der beste Weg, um zu verhindern, dass sie ins Aquarium gelangen. Besonders, wenn Sie Katzen haben.
- **Stabilere Temperatur**. Es hält die Temperatur im Winter besser. Im Sommer kann dies ein Nachteil sein, da die Wassertemperatur dadurch noch mehr ansteigt und das Leben von Fischen und Pflanzen gefährdet werden kann.

B. VORTEILE DES NICHT ABGEDECKTEN AQUARIUMS

- **Verbesserter Gasaustausch.** Sowohl Pflanzen als auch Fische brauchen diesen Gasaustausch.
- Die Wärme, die sich zwischen dem Deckel und der Wasseroberfläche staut, macht es für **Schwimmpflanzen** schwierig zu **überleben.**
- **Sinkende Wassertemperatur** im Sommer.
- Die Möglichkeit, **die** benötigte **Ausrüstung** und unsere Dekoration **besser anzupassen**:
    - Die Lampe.
    - **Ein Ventilator**, um die Temperatur zu senken.
    - Wir können **die Verkabelung, den Wasserzulauf und -ablauf** platzieren.
    - Wir können Pflanzen und andere dekorative Elemente wie Felsen oder Baumstämme auftauchen lassen (oberhalb der Wasseroberfläche).
    - Etc.

Der häufigste Grund, mit dem wir die Notwendigkeit einer Abdeckung des Aquariums rechtfertigen, ist das Problem, dass Fische aus dem Wasser springen. Aber die Wahrheit ist, dass einer der wenigen wirklichen Gründe, warum es gerechtfertigt sein könnte, das Aquarium abzudecken, darin besteht, dass Sie andere Haustiere haben. **Es gibt auch Fischarten, die dazu neigen, aus dem Wasser zu springen. In diesem Fall können Sie ein "Jumpguard"-Netz verwenden.**

"Ein Jumpguard-Netz"

Wir empfehlen Ihnen im Allgemeinen, den Deckel offen zu lassen oder ein Becken ohne Deckel zu kaufen. Jeder von uns, der sein Aquarium nicht abgedeckt hat, hat schon einmal erlebt, dass ein Fisch aus dem Wasser gesprungen ist, aber bei der richtigen Wasserqualität wäre das eine Ausnahme. Hier sind einige Empfehlungen, die Ihnen helfen werden, dieses Problem zu vermeiden:

WIE KANN MAN VERHINDERN, DASS FISCHE AUS DEM WASSER SPRINGEN?

Die beste Maßnahme, um zu verhindern, dass Fische aus dem Becken springen, ist zweifellos sauberes Wasser unter optimalen Bedingungen.

- **Erleichtern Sie den Gasaustausch zwischen Luft und Wasser**. Verhindern Sie die Ansammlung von CO2 im Wasser und sorgen Sie für eine ausreichende Konzentration von O2:
    - Luftkompressoren können so angepasst werden, dass sie Luftblasen im Wasser erzeugen, um diesen Austausch zu verbessern.
    - "Brechen" der Wasseroberfläche durch Anheben des Filterauslasses.
    - Wenn wir im Sommer einen Ventilator einsetzen, hilft er auch, die Wasseroberfläche zu "brechen" (in geringerem Maße als das Anheben des Filterauslasses oder mit einem Luftkompressor).
    - Mit steigender Wassertemperatur sinkt das gelöste O2.
    - Pflanzen verbrauchen tagsüber CO2 und produzieren O2, aber in der Nacht ist es umgekehrt, sie verbrauchen O2 und produzieren CO2.
- Gute Filteranlagen, um **die Giftkonzentration auf ein Minimum zu reduzieren**.
- Regelmäßiger Wasserwechsel zur Entfernung von Nitraten (Zersetzungsprodukt organischer Stoffe).
- **Stellen Sie Schwimmpflanzen** und andere Verstecke auf, damit sich die Tiere sicher fühlen.
- **Vermeiden Sie springende Arten**.
- Denken Sie daran, dass **die ersten Tage der Anpassung** am riskantesten sind.
- Verwendung von **Jumpguard**.

Kurz gesagt, ein gesundes und ausgewogenes Ökosystem mit sauberem Wasser, angemessenen Parametern, guter Filterung, gutem Gasaustausch und kompatiblen Fischarten wird verhindern, dass unsere Fische aus dem Becken springen.

Machen Sie sich keine Sorgen, wenn Ihnen das zu viel Information zu sein scheint, denn das ist das Hauptthema dieses Buches und wir werden es Schritt für Schritt durchgehen.

1.9 EIN KOMPLETTES AQUARIUM-SET KAUFEN?

Der Kauf eines kompletten Sets ist auch eine Option für Anfänger im Aquarienhobby. Der herausragendste Vorteil ist, dass Sie bei der Auswahl der wichtigsten Komponenten Ihres Aquariums Zeit sparen, denn sie enthalten in der Regel immer: ein Becken, einen Filter und einen Deckel mit Lampe. Sie scheinen auch relativ preiswert zu sein, aber die Wahrheit ist, dass Sie NICHT weniger für mehr bezahlen. Ihr Preis-Leistungs-Verhältnis wird wahrscheinlich geringer sein als das, was Sie bekommen, wenn Sie Ihre eigene Ausrüstung mit unserer Beratung auswählen.

Denken Sie auch daran, dass **nicht alle Aquariensets gut sind**. Der Teil, an dem diese Sets am häufigsten scheitern, ist der Filter, denn manchmal haben sie eine unzureichende Kapazität oder Durchflussmenge. Wenn Sie zum ersten Mal ein Aquarium einrichten, sei es für sich selbst, gemeinsam mit Ihrem Partner oder mit Ihren Kindern, und Sie es einfach nur bequem und einfach machen wollen, kann ein Set eine Option sein, solange Sie die Einschränkungen in der Vielfalt der angebotenen Projekte akzeptieren. Diese müssen Sie anhand der Informationen im Buch oder mit Hilfe eines Spezialisten in Ihrem Aquariengeschäft selbst entdecken, da diese Informationen nicht in der Set-Box enthalten sind.

Da Sie bis hierher gekommen sind und uns vertraut haben, schlagen wir Ihnen eine Option vor, die wir Ihnen empfehlen: Stellen Sie sich Ihr Aquarium selbst zusammen, indem Sie die Komponenten einzeln auswählen. Mit diesem Leitfaden werden Sie keine Probleme haben, die besten Komponenten einzeln zu besorgen, denn wir zeigen Ihnen, wie Sie das machen.

EINIGE WEITERE VORTEILE DER AUSWAHL IHRER EIGENEN AUSRÜSTUNG

- **Bessere Ästhetik.** Die Tanks der Sets bieten nur begrenzte Optionen. Einige der Variablen, aus denen Sie wählen können, sind: Farbe des Silikons, schwarz oder transparent. Deckel oder ohne Deckel. Mit seitlichen Verstärkungen, oder oben, oder unten oder ohne, usw.
- **Die Möglichkeit, die Ausrüstung anzupassen.** Die Sets enthalten in der Regel eine Abdeckung und die Lampe darin. Dies schränkt Ihre Möglichkeiten zur Anpassung von Wasserein- und -auslässen, Verkabelung, Ventilatoren usw. ein.
- **Beschränkungen des Filters und der Beleuchtung.** Sie möchten ein Aquarium mit mehr Fischen oder mit Pflanzen haben, die eine bessere Beleuchtung benötigen. Dafür brauchen Sie eine bessere Filterung und eine bessere Beleuchtung als die, die Sie jetzt haben.

1.10 WO KÖNNEN SIE IHR AQUARIUMKAUFEN?

Schauen wir uns an, wie man einen Panzer kauft:

FINDEN SIE EINEN NEUEN TANK

Der Ausgangspunkt ist, dass Sie bereits die Maße Ihres Tanks entsprechend Ihrem Projekt oder mit den Angaben, die wir Ihnen gegeben haben, festgelegt haben. Jetzt finden Sie mit der Google-Suchmaschine (zum Beispiel) und der Eingabe von: "Aquarienbecken kaufen" die ganze Vielfalt an Becken aller möglichen Marken und fast aller gewünschten Größen und Volumen in vielen verschiedenen Geschäften. Finden Sie das, das Ihnen am besten gefällt und in Ihr Budget passt. Es gibt weiße oder schwarze Silikontanks, mit oder ohne Verstärkungen, mit oder ohne optische Linsen, mit oder ohne Deckel und viele weitere Optionen. All diese Merkmale hängen von Ihrem persönlichen Geschmack ab. Das Wichtigste ist, dass es von einer vertrauenswürdigen Marke oder Firma stammt. Sie können auch in den Aquarienladen Ihres Vertrauens gehen und dort das Becken kaufen, das Ihren Bedürfnissen am besten entspricht.

Unsere Empfehlung. Haben Sie ein wenig Geduld, kaufen Sie Ihren maßgefertigten Tank bei einem spezialisierten Unternehmen und warten Sie, bis er bei Ihnen zu Hause ankommt (in der Regel in 3 oder 4 Wochen) oder suchen Sie in Ihrem Geschäft nach einem Tank, der wirklich Ihren Bedürfnissen entspricht. Um einen maßgefertigten Tank zu kaufen, suchen Sie sich ein Unternehmen in Ihrem Land und bestellen Sie einen maßgeschneiderten Tank: optisches oder normales Glas, Farbe des Silikons, mit oder ohne Eckverstärkungen, mit oder ohne Deckel, usw.

Ein Beispiel, wenn Sie in Spanien leben: ein maßgeschneidertes Aquarium, rechteckig, 100 Liter Volumen, aus transparentem Silikon, mit optischem Frontglas und ohne Deckel, kostet 90 Euro; 110 Euro, wenn wir den Versand einschließen. Wenn Sie nicht in Spanien leben, suchen Sie sich ein Unternehmen für maßgefertigte Aquarien mit guten Referenzen und einem wettbewerbsfähigen Angebot und kaufen Sie Ihr Aquarium dort.

Es wird ein Aquarium sein, an dem Sie sich mindestens 10 bis 15 Jahre lang erfreuen können, und wenn wir nach dieser Zeit das Silikon austauschen, können Sie es ein Leben lang genießen.

FINDEN SIE EINEN GEBRAUCHTEN TANK

Wenn Sie etwas Billigeres finden müssen. Suchen Sie auf einem Secondhand-Markt nach einem Aquarium, das den gewünschten Maßen entspricht. Zum Beispiel in Spanien: "Milanuncios", "Wallapop" oder "Vibbo" könnten eine gute Wahl sein. Wahrscheinlich sind diese Optionen auch in Ihrem Land eine gute Wahl. Auch "Facebook" ist eine gute Option. Es gibt Dutzende von Gruppen, die sich mit dem Thema Aquaristik beschäftigen und in vielen dieser Gruppen ist das Kaufen und Verkaufen erlaubt. Es gibt sogar spezielle Gruppen für gebrauchte Aquarienausrüstung für Aquarianer.

Ein weiterer Ort, an dem wir gute Angebote gefunden haben und an dem Sie gute Empfehlungen finden können, sind die "WhatsApp"-Gruppen. Wenn Sie die Möglichkeit haben, einer Gruppe in oder in der Nähe Ihrer Region beizutreten, zögern Sie nicht, dies zu tun.

A. RISIKEN EINES GEBRAUCHTEN TANKS

Das Silikon, das zum Verkleben des Glases in Aquarien verwendet wird, hat eine Lebensdauer von etwa 10-15 Jahren. Daher ist es sehr wichtig, dass Sie wissen, wie alt das Aquarium ist, das Ihnen angeboten wird.

B. TIPPS, DIE SIE VOR DEM KAUF WISSEN SOLLTEN

- Fragen Sie, wie alt das Aquarium ist. Denken Sie daran, dass Silikon eine Haltbarkeit von etwa 10 Jahren hat.
- Wenn Sie noch den Kaufbeleg haben, wäre das ideal.
- Eine weitere notwendige Frage ist, wo und wie lange das Aquarium gelagert wurde. Wenn es an einem Ort mit extremen Temperaturen aufbewahrt wurde, kann das Silikon im Laufe der Zeit stärker in Mitleidenschaft gezogen worden sein und es besteht ein größeres Risiko, dass es ausläuft.
- Bitten Sie um einen Videotest, um sicherzustellen, dass das Aquarium nicht undicht ist.
- Überprüfen Sie anhand von Fotos oder Videos, dass das Aquarium keine Kratzer oder Risse aufweist.

Sobald Sie all diese Aktionen überprüft haben, ist es an der Zeit, das Aquarium persönlich zu besichtigen.

C. WAS SOLLTEN SIE BEI EINEM GEBRAUCHTEN AQUARIUM ÜBERPRÜFEN?

- Vergewissern Sie sich, dass das Aquarium nicht zerkratzt oder rissig ist.
- Wenn er Risse hat, werfen Sie ihn sofort weg.
- Vergewissern Sie sich, dass das Silikon in gutem Zustand ist, es sei denn, Sie möchten es zu einem niedrigeren Preis kaufen und sind bereit, das Silikon auszutauschen.
- Prüfen Sie die Ecken gut.

D. REINIGUNG EINES GEBRAUCHTEN AQUARIUMS

Wenn Sie ein gebrauchtes Aquarium kaufen, sollten Sie es selbst gründlich reinigen. Für die richtige Reinigung des Aquariums empfehlen wir die Verwendung von weißem Essig. Gießen Sie einfach ein wenig davon auf den Kalk und lassen Sie ihn ein paar Minuten einwirken. Mit einem Küchenschwamm **(verwenden Sie nicht die Aluminiumschwämme)** können Sie die Reste entfernen. Auf "YouTube" finden Sie Videos, die Ihnen helfen werden, Ihre Zweifel auszuräumen (vergleichen Sie immer die Informationen, die Sie im Internet finden).

2 WOHIN MIT DEM AQUARIUM?

Die Möbel, in die Sie das Aquarium stellen, hängen normalerweise von der Größe des Beckens ab, das Sie aufstellen möchten. Es kann aber auch folgender Fall eintreten: Das *Aquarium, das Ihnen gefällt, hat ein Volumen von 200 Litern, aber zu Hause oder in dem Raum, in den Sie es stellen möchten, haben Sie keine Möbel, die dieses Gewicht tragen können, und Sie sind nicht bereit, ein spezielles Möbelstück für Aquarien zu kaufen. Also entscheiden Sie sich schließlich für ein kleineres Aquarium.*

In welchem Raum des Hauses möchten Sie ihn aufstellen? Den Fischen zuzusehen, wie sie in Ihrem Büro herumschwimmen, ohne zu bemerken, was draußen vor sich geht, kann für viele Menschen ein Vergnügen sein. Ein Aquarium, das nach Ihrem Geschmack und mit der richtigen Farbgebung gestaltet ist, kann der Mittelpunkt der Einrichtung eines Raumes sein. Es gibt auch andere Aquarianer, die es vorziehen, bestimmte Räume zu reservieren. Dabei handelt es sich in der Regel um Menschen, die sich diesem Hobby verschrieben haben, mehrere Aquarien besitzen und auch ein Aquarium in ihrem Wohnzimmer stehen haben. All dies könnte eine gute Option sein.

Denken Sie daran, dass Ihr Aquarium, wenn Sie es in einem der Hauptzimmer des Hauses aufstellen, die meiste Zeit über ordentlich und "sichtbar" aussehen sollte, sowohl für potenzielle Besucher als auch für Sie oder Ihre Familie. Es ist nicht schön, ein vernachlässigtes Aquarium in Sichtweite zu haben. Dann wird es von einem "Zen"-, entspannenden oder meditativen Rückzugsort zu einer Ecke, die Sie lieber meiden möchten.

Sie können es auch an Ihrem Arbeitsplatz oder in Ihrem Unternehmen aufstellen, wo Ihre Kunden es ebenfalls genießen können.

2.1. WÄHLEN SIE EINE ROBUSTE UNTERLAGE

Wir können einen 100-Liter-Tank nicht einfach irgendwo in unserem Haus aufstellen. Denken Sie daran, dass ein Liter Wasser ungefähr einem Kilogramm entspricht. Wir geben Ihnen zwei Beispiele für Möbel, die Sie zu Hause haben können, mit den Eigenschaften, die sie geeignet machen oder nicht:

Dieses Möbelstück hat eine **waagerechte,** ca. 3 cm dicke, etwa 1 Meter lange und 60 cm breite **Holzfläche**, die auf 3 **senkrecht stehenden Holzbrettern** ruht, 2 an den Seiten und 1 auf der Rückseite.

Dieser Schrank ist ein Beispiel, das **bis zu 120-150 Liter fassen kann.**

Im Gegensatz dazu ist die horizontale Fläche dieses Modells dünner, etwa 2 cm oder weniger. Außerdem ist er an der Wand verankert und hat keine Stützen, die senkrecht zum Boden stehen. Dieser Schrank wäre **NICHT** für ein Aquarium geeignet. Selbst wenn es 20 Liter oder weniger fasst, raten wir davon ab, diese Art von Möbel zu verwenden.

Die Verwendung ungeeigneter Möbel kann zu relativ ernsten Problemen führen. Im zweiten Fall sehen wir ein Möbelstück, das wahrscheinlich einen 20 Kilogramm schweren Tank tragen kann. Trotzdem glauben wir, dass es nicht notwendig ist, ein solches Risiko einzugehen, auch wenn es sich irgendwann lösen könnte.

Beachten Sie auch, dass diese Möbel nicht dafür ausgelegt sind, das Gewicht eines Aquariums zu tragen. Es ist möglich, dass der Tisch in der Mitte leicht sinkt und sich dabei deutlich verformt (sowohl im ersten als auch im zweiten Beispiel, das wir oben vorgestellt haben). Dies hängt vom jeweiligen Fall ab; wir zeigen es Ihnen jetzt:

Dieser Tisch mit den Beinen an den Ecken ist ein Beispiel für einen Tisch, bei dem die Wahrscheinlichkeit hoch ist, dass er sich in der Mitte leicht verformt.

(Dies ist nur ein Beispiel für einen Tisch, bei dem das Gewicht von den Enden getragen wird).

Bei dieser Variante hingegen, bei der das Gewicht des Aquariums auf die Hauptstütze fällt, verbiegt es sich nicht.

*Dieser Tisch ist für ein Aquarium **nicht** zu empfehlen, da er einen sehr hohen Schwerpunkt hat (das gewichtstragende Bein ist sehr hoch). Außerdem hat er keine seitlichen Stützen, um ihm Stabilität zu verleihen. Ein Schlag könnte ihn auf eine der Seiten fallen lassen.*

Die letzten beiden sind nur Beispiele, die uns helfen sollen, einige der häufigsten Probleme zu verstehen, die wir haben können.

Auf der anderen Seite gibt es das Problem der Feuchtigkeit. Sie müssen bei Ihren Möbeln und Tischen, die nicht für Aquarien bestimmt sind, besonders auf die Feuchtigkeit achten, damit die Tropfen, die auf das Holz fallen, schnell trocknen. Trotzdem müssen Sie davon ausgehen, dass das Holz auf lange Sicht schneller abgenutzt wird als üblich.

Ein weiterer wichtiger Aspekt ist, dass **Sie den Schrank nicht bewegen müssen, sobald der Tank** mit Wasser **gefüllt ist**.

Wenn Sie bereits ein Möbelstück zu Hause haben, das das Gewicht tragen kann, ist das perfekt! Verwenden Sie es und überspringen Sie den nächsten Teil! Und denken Sie daran, dass es auch möglich ist, ein kleineres Aquarium aufzustellen.

Aber wenn Sie kein passendes Möbelstück zu Hause haben: besorgen Sie sich einen speziellen Aquarienständer!

2.2 SPEZIELLE AQUARIEN TABELLEN

Sie werden Seiten finden, auf denen Ihnen empfohlen wird, Möbel zu kaufen, die sich für ein Aquarium eignen, mit Titeln wie: *"Die besten Möbel ... für Aquarien!* Bei Best Aquarium haben wir viele dieser Seiten überprüft, wir haben einige dieser Möbel persönlich gesehen und wir haben die Preise für diese Möbel gesehen.

FAZIT: Wenn Sie bereits einen Schrank haben, verwenden Sie ihn. Aber wenn Sie keinen haben, kann der Preisunterschied zwischen einem normalen, minderwertigen Schrank und einem speziellen Aquarienschrank zwischen 20-40 Euro teurer sein (wenn die Qualität des Schranks ähnlich ist, wird der Preis wahrscheinlich gleich sein). Wir sprechen hier von einem Möbelstück, das Sie 20 oder 30 Jahre lang behalten können (je nach Verwendung). **Es lohnt sich, den kleinen Preisunterschied zu zahlen**! und ein spezielles Aquarienmöbel zu kaufen.

WARUM?

- Sie sind dafür ausgelegt, das Gewicht zu tragen.
- Sie sind resistent gegen Feuchtigkeit.
- Sie verfügen über Regale, Nischen und Schränke zur Aufbewahrung aller Geräte und Kabel.
- Sie sind ästhetisch.
- In gutem Zustand werden sie lange halten.
- Und das Wichtigste: ***Sie werden Ihnen keine Probleme bereiten!***

Wählen Sie den Aquarienständer, der Ihnen gefällt und der zur Größe Ihres Aquariums passt.

A. BILDER VON SPEZIELLEN AQUARIENMÖBELN

Wir lassen diese Bilder hier, falls Sie noch nicht wussten, dass es diese Art von Möbeln gibt. In Google finden Sie Anleitungen, in denen Sie die Eigenschaften der verschiedenen Möbelstücke sehen und dasjenige auswählen können, das Ihnen am besten gefällt und zu Ihren Bedürfnissen passt.

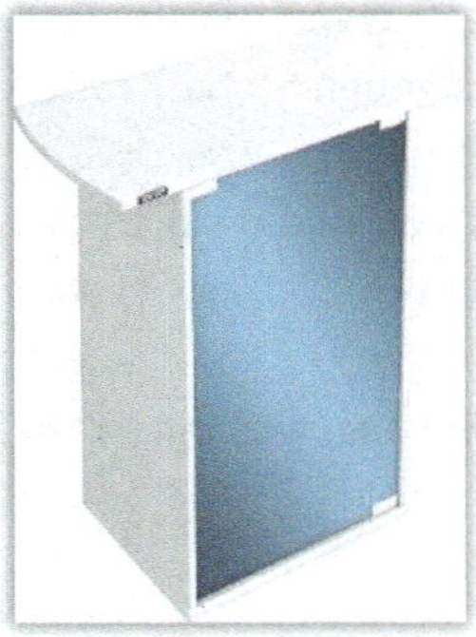

Fluval Roma *Tetra AquaArt Kabinett* *Ciano Emotions Natur Möbel*

Juwel Möbel Sbx Lido 120. *Juwel - Aquarium-Schrank Primo* *Juwel Möbel SBX Rio 125.*

Es gibt viele Geschäfte mit guten Angeboten. Kaufen Sie sie in dem Geschäft Ihres Vertrauens, das Ihren Bedürfnissen am besten entspricht.

ALLGEMEINE EMPFEHLUNGEN FÜR DEN KAUF VON BESTIMMTEN TISCHEN

- Machen Sie einen Schrank daraus, mit oder ohne Einlegeböden, um darin den Filter und den Rest der Ausrüstung zu verstauen. Wenn Sie die Möglichkeit haben, können Sie auch die CO2-Flasche in dem Schrank aufbewahren.
- **Das Wichtigste ist, dass Sie auf die Länge und Breite der Unterlage (das Holz, auf dem das Aquarium steht) achten.** Das Aquarium **darf NICHT**, nicht einmal einen Zentimeter, über die Tischkanten hinausragen, da sonst Bruchgefahr besteht.
- Wenn Sie von der Gesamthöhe jedes Möbelstücks 5 cm abziehen, können Sie sich eine Vorstellung von der Höhe des Innenschranks machen. Ein Beispiel: Wenn der Schrank vom Boden bis zum Tisch 75 cm hoch ist, ist der Innenschrank etwa 70 cm hoch, um Ihre Geräte unterzubringen.
- Wenn Sie auf Amazon nach Ihren Möbeln suchen, sind die von der Website angegebenen Maße manchmal falsch.
- Es macht uns nichts aus, wenn ein paar Zentimeter Tischlänge übrig bleiben, zum Beispiel: ein 60 cm langes Aquarium und ein 70 cm langer Tisch.
- Wir empfehlen, dass die Breite aus ästhetischen Gründen besser angepasst wird. Obwohl es nicht unbedingt notwendig ist und Sie später ein größeres Becken anpassen könnten.
- Die Literzahl, die Sie in den Namen der Möbel sehen, ist NICHT die maximale Literzahl, die der Tisch aufnehmen kann. Diese Möbelstücke sind von Marken und wurden für ihre eigenen Aquarien entworfen. Sie beziehen sich auf das Aquarium (der eigenen Marke), für das sie ursprünglich entworfen wurden. Wir werden das gewünschte Möbelstück aufstellen.
- Wenn Sie das Wort "kaufen" gefolgt von dem Namen des Möbels googeln, werden Sie mehrere Angebote finden. Suchen Sie nach den günstigsten und immer von seriösen Unternehmen. Sie können sie auch in einigen Aquariengeschäften finden.
- Zuletzt und am wichtigsten: **Kaufen Sie das, was Ihnen am besten gefällt!**

Wir überlassen Ihnen dieses Beispiel eines Panzers mit seiner speziellen Einrichtung:

"Ein Beispiel für eine besondere Aquarieneinrichtung"

2.3 TIPPS FÜR DIE AUSWAHL DER RICHTIGEN WEBSITE

1. **Vermeiden Sie die Sonne.** Halten Sie das Aquarium von direktem Sonnenlicht fern. Es geht nicht darum, es in einem dunklen Raum aufzubewahren. Wenn das Sonnenlicht direkt auf unser Aquarium fällt, begünstigt es das Auftreten von Algen (besonders in nicht bepflanzten Aquarien) und in warmen Regionen wird es im Sommer schwierig, die Wassertemperatur zu kontrollieren. Die Sonne sollte nicht in jedem Fall gemieden werden. Es gibt Hobbyisten mit bepflanzten Aquarien, die direktes Sonnenlicht in ihre Aquarien lassen (nicht in den Stunden mit der höchsten Intensität) und so auch die Lichtintensität der künstlichen Beleuchtung reduzieren können.

2. **Vermeiden Sie laute Geräusche und Vibrationen.** Der Tank sollte nicht in der Nähe einer Waschmaschine und auch nicht in der Nähe von lauten Lautsprechern stehen.

3. **Vermeiden Sie kalte Zugluft und Heizungen.** Öffnen Sie an einem kalten Wintertag nicht das Fenster, wenn Sie das Aquarium direkt darunter stellen. Stellen Sie es auch nicht zu nah an den Heizkörper, lassen Sie mindestens 50 Zentimeter Abstand. Das ist wichtig, um die Temperatur des Aquariums stabil zu halten. Wenn Ihr Aquarium größer als 60-100 Liter ist, sind die Temperaturschwankungen eher progressiv, aber wenn Ihre Leidenschaft kleine Aquarien von 20 Litern sind, können Sie große Probleme mit Temperaturschwankungen haben.

4. Halten Sie eine Umgebung frei von Insektiziden, Reinigungsmitteln oder anderen potenziell giftigen Produkten rund um das Aquarium.

5. Vergewissern Sie sich, dass es mindestens eine **Steckdose in der Nähe** gibt.

6. **Stellen Sie keine elektrischen Geräte unter das Aquarium**. Der Filter und anderes Zubehör können jedoch dort platziert werden.

7. Wenn Sie **Hunde oder Katzen** haben**,** empfehlen wir, **dass** es in der Nähe keine Flächen gibt, von denen aus Sie den Tank erreichen können. In Ihrem speziellen Fall müssen Sie den Tank möglicherweise abdecken, besonders wenn Sie Katzen haben.

8. Überlegen Sie, wie viel Platz der Filter einnehmen wird (wenn es sich um einen Rucksackfilter handelt) und wie viel Platz Sie für die Verlegung der Schläuche benötigen (wenn es sich um einen Außenfilter handelt). Wenn Sie ihn zu nah an eine Wand stellen, ist möglicherweise nicht genug Platz vorhanden.

9. Sorgen Sie für einen **bequemen Zugang für die Wartung**.

10. Suchen Sie sich einen prominenten Platz, um die Show zu genießen, die er bietet.

Wenn Kinder zu Hause sind, wird die Wahrscheinlichkeit, dass das Aquarium versehentlich angestoßen wird, verringert, wenn es z.B. an einer Wand im Wohnzimmer steht. Und wenn es in einer Ecke steht, hat der Tisch im Falle eines Aufpralls zwei Stützen: eine hinten und eine an der Seite.

AQUARIUM-FILTERUNG. FILTER UND FILTERMEDIEN.

Einleitung zu den Kapiteln 3, 4 und 5. Die Filtration ist wahrscheinlich der wichtigste Teil des Projekts; ein wesentliches Element zur Erreichung und Erhaltung der Wasserqualität. **Die Hauptfunktion** besteht darin, **die giftigen Substanzen**, die bei der Zersetzung von organischem Material entstehen, **in weniger giftige umzuwandeln.** **Die Filtrationsausrüstung besteht** hauptsächlich aus**: Filter + Filtermaterial**.

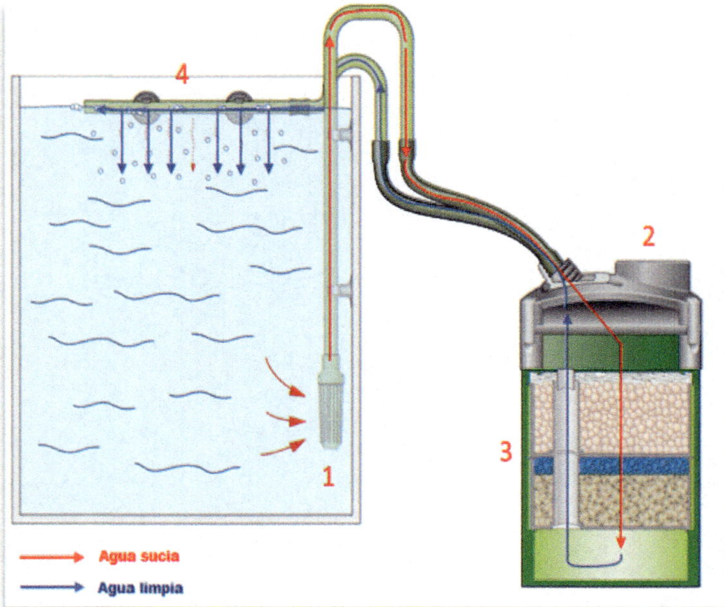

Diese giftigen Substanzen sind: **Ammoniak oder Ammonium** (NH4+) **und Nitrite** (NO2-). **Alle drei sind sehr giftig** für Fische und andere Tiere. **Die Filteranlage wandelt sie in Nitrate** (NO3-) **um. Diese Umwandlung erfolgt durch die nitrifizierenden Bakterien**, die in dem biologischen Filtermaterial im Inneren des Filters leben. *Wir werden im Folgenden eine kurze Einführung geben und diese Konzepte später wiederholen.*

In Aquarien mit reichlich **natürlichen Pflanzen** spielen sie eine **wichtige Rolle bei der Filterung und Entgiftung** des Wassers. Sie sind in der Lage, große Mengen an Nitraten und Ammoniak zu entfernen. Sie können auch Schwermetalle entfernen und bieten dem Ökosystem weitere Vorteile, die in dem Abschnitt über Pflanzen in Kapitel 12 behandelt werden.

Auf dem Bild sehen wir einen Filter, der "schmutziges Wasser" in sein Inneres pumpt, so dass es durch das Filtermaterial fließt. Dadurch werden die giftigen Substanzen umgewandelt. Schließlich wird das "saubere Wasser" wieder in den Tank gefüllt.

Dieses Kapitel, das Pflanzenkapitel (12) und Kapitel 9: "Die Bedeutung des Wassers" haben den größten Einfluss auf die Wasserqualität und sind daher am wichtigsten, um Krankheiten bei unseren Tieren, Algen und die übrigen Probleme, die wir in unseren Aquarien haben können, zu vermeiden.

Hier ist eine kurze Einführung, es ist wichtig, diese Konzepte zu verstehen:

Die Wasserfiltration **besteht hauptsächlich in der Umwandlung von giftigen Substanzen (Ammonium und Nitrite) in weit weniger giftige (Nitrate).** Zweitens kann sie auch Partikel entfernen, die in der Wassersäule schwimmen bleiben. Und drittens kann sie andere, spezifischere Funktionen haben, die wir später noch sehen werden**. Die Filtration findet hauptsächlich in der Filteranlage und im Pflanzenstoffwechsel** (in Aquarien mit natürlichen Pflanzen) **statt.**

Toxische Substanzen: **Ammonium und Ammoniak, Nitrite** und in geringerem Maße Nitrate. Toxische Stoffe entstehen aus Fischabfällen und aus der Zersetzung organischer Stoffe im Aquarium: Futter, tote Tiere oder Pflanzen usw. Wenn sich diese giftigen Stoffe im Aquarium ansammeln, werden unsere Fische krank und sterben, sie lösen Algenwachstum, trübes Wasser usw. aus.

Die Filtrationsausrüstung. Die Filtrationsausrüstung besteht aus:

- **Einen Filter.** Eine Pumpe, die das Wasser aus dem Tank entnimmt, es durch das Filtermaterial leitet und wieder in den Tank zurückfüllt.

- **Filtermaterial. Die wichtigste Komponente bei der Filtration**. Es befindet sich im Inneren des Filters und ist (normalerweise) in Schichten angeordnet. Im Süßwasseraquarium gibt es **3 Arten von Filtermaterial**: mechanische Filtration, biologische Filtration und chemische Filtration.

  Von den drei Arten gibt es nur eine, die in "fast" jedem Ökosystem wirklich wichtig ist: "biologische Filtermedien"**. Biologische Filtermedien enthalten nitrifizierende Bakterien, die** für die Umwandlung von Ammonium und Nitriten in Nitrate verantwortlich **sind**.

Natürliche Pflanzen. In bepflanzten Aquarien spielen die Pflanzen eine wichtige Rolle im Ökosystem. Sie übernehmen Funktionen wie die folgenden:

- **Wasserfiltration und Entgiftung**. Sie sind in der Lage, große Mengen an Nitraten und Ammoniak zu entfernen.
- **Entfernen Sie Schwermetalle**, die für Fische oder andere Tiere giftig sein können.
- **Kontrolle des Algenwachstums.**
- **Sie reichern das Wasser mit Sauerstoff an und reduzieren CO2.** Obwohl die Luft dem Wasser wahrscheinlich mehr Sauerstoff zuführt als die Pflanzen.
- **Sie verhindern, dass das Substrat giftig wird.** Die Pflanzen halten das Substrat gesund und es muss nur selten gesaugt werden.

All diese Vorteile können einen Teil der Arbeit des Aquarianers ersetzen: Reduzierung der Wasserwechsel, Reinigung und Absaugen von Kies oder Sand und Verbesserung der Filterung, sogar die Reduzierung der Filterausrüstung ist möglich.

Und das ist alles. Dies sind die wichtigsten Konzepte der Filtration, die Sie kennen müssen.

Es gibt auch nitrifizierende Bakterien im Substrat und in der Wassersäule, allerdings in geringeren Mengen. Um ein Aquarium richtig zu filtern, müssen Sie einen Filter und ein Filtermaterial wählen, das zur Größe Ihres Beckens, zur Anzahl und Art der Fische, zum Vorhandensein oder Nichtvorhandensein natürlicher Pflanzen und zu anderen Eigenschaften Ihres Projekts passt. Wir werden das später sehen.

Denken Sie daran: Kaufen Sie einen guten Filter und gute Filtermedien! Schlechte Filterung ist gleichbedeutend mit schlechter Wasserqualität. Und das ist der Ursprung der häufigsten Probleme in unseren Aquarien.

Es gibt Kollegen, die Aquarien ohne Filterausrüstung und ohne spezielles Filtermaterial halten. Natürlich benötigen auch ihre Aquarien eine biologische Filterung und ihre Ökosysteme enthalten nitrifizierende Bakterien, wenn auch in geringeren Mengen. Sie erreichen dies, indem sie die Zersetzung organischer Stoffe in ihren Aquarien auf ein Minimum beschränken**, sehr wenige Fische und Tiere**, wenig Futter und viele Pflanzen, die Nitrate, Nitrite und Ammonium verbrauchen.

Dies ist ein Beispiel für ein Aquarium ohne Filteranlage: **"24th Month - (Carrot Feeding Frenzy) NO filter, NO CO2, NO Ferts 5 Gallon Nano Tank"** aus dem Kanal: Foo the Flowerhorn: https://www.youtube.com/watch?v=ptR7ngChDqs Dieses Buch wird auch Ihnen helfen, diese Ökosysteme zu verstehen. Wir geben Ihnen die Informationen, die es Ihnen ermöglichen, alle Arten von Projekten zu entwickeln, so dass Sie Ihr persönliches Projekt wählen können.

3 DER FILTER

Der häufigste Fehler bei der Einrichtung unseres ersten Projekts ist der Kauf eines unzureichenden Filters oder eines Aquariensets mit einem schlechten Filter. In einem Aquarium sind die teuersten Ausstattungskomponenten in der Regel das Becken und der Filter. In einem Aquarium mit hohem Pflanzenbedarf wird es die Beleuchtung sein.

Ein guter Filter ist eine gute Investition: **Das Geheimnis, beim Kauf eines Filters zu sparen, besteht darin, von Anfang an die richtige Wahl zu treffen.**

Unter der Annahme, dass der Filter aus hochwertigen Materialien und mit einer guten Verarbeitung hergestellt wurde, sind die **2 wichtigsten Eigenschaften des Filters: die Durchflussmenge und die Kapazität für das Filtermaterial.**

3.1 DIE BEIDEN WICHTIGSTEN MERKMALE DES FILTERS

DURCHFLUSSMENGE

Die Durchflussrate wird in Litern pro Stunde gemessen, die der Filter dem Tank entnehmen, durch ihn hindurchleiten und wieder in den Tank füllen kann. **Der Hersteller gibt die Daten immer in "theoretischer Durchflussmenge" an**, d.h. die Liter pro Stunde, die durch den Filter **OHNE Filtermaterial im Inneren fließen.** Es wird empfohlen, dass sie MINDESTENS das 3-5fache des Gesamtvolumens Ihres Tanks beträgt. **Wir empfehlen, dass sie MINDESTENS das 5-6-fache des Gesamtvolumens des Tanks betragen sollte.** Das heißt, wenn Ihr Aquarium 100 Liter fasst, sollte Ihr Filter eine Durchflussrate von mindestens 500 Litern/Stunde haben. So können Sie ihn an fast jedes Projekt für dieses Aquarium anpassen.

Die "tatsächliche Durchflussmenge". Der tatsächliche oder effektive Durchfluss ist niedriger als der theoretische oder vom Hersteller angegebene. Beim Einsetzen von Filtermaterialien wird der Wasserdurchfluss im Filter um etwa 30-40% reduziert (und kann von Anfang an um bis zu 50% reduziert werden, wenn wir die gesamte Filterkapazität sättigen). Beim **Kauf des Filters müssen wir auf die theoretische Durchflussmenge achten,** da diese vom Hersteller angegeben wird, **und auf den Filtertyp** (wie wir später sehen werden, ist ein Innen- oder Rucksackfilter eher gesättigt und reduziert seine Durchflussmenge als ein Kanistertyp).

DIE KAPAZITÄT FÜR FILTERMATERIAL

Die Kapazität der Filtermedien ist der Platz, den die Filtermedien einnehmen können. Manchmal ist es nicht einfach, diese Information zu finden, aber sie ist wichtig, vor allem bei den "Rucksack"-Filtern und noch mehr bei den "Innen"-Filtern, die in dieser Hinsicht begrenzter sind. **Wir empfehlen, dass es MINDESTENS 1,5 Liter pro 100 Liter Tankinhalt sein sollten.** Das heißt, wenn Ihr Tank 100 Liter fasst, dass Ihr Filter eine Kapazität von mindestens 1500 Millilitern Filtermaterial hat. Mit dieser Empfehlung können Sie Ihren Filter in Zukunft für jede Art von Projekt anpassen. Die tatsächliche Kapazität, die Sie benötigen, hängt allerdings wie die Durchflussmenge von Faktoren wie dem Filtermaterial, das Sie verwenden werden, und den Eigenschaften des Projekts ab.

Beispiel für ein 200-Liter-Aquarium. Eigenschaften des Filters:

Für ein 200-Liter-Aquarium benötigen Sie einen Filter mit:

- Eine Durchflussmenge von mindestens 1200 Litern pro Stunde (**theoretische** Durchflussmenge**,** vom Hersteller angegeben).
- Eine Filtermedienkapazität von mindestens 3 Litern.

Es gibt KEIN Problem, wenn Sie den Filter "überdimensionieren" (wir kaufen einen mit einer höheren Durchflussmenge und Kapazität als wir brauchen). **Warum?** Weil alle Filter einen Durchflussregler haben. Und es gibt keinen Grund, die gesamte verfügbare Kapazität mit Filtermaterialien zu belegen. Wir können den Filter immer mit 60% oder 80% seiner vollen Funktionalität nutzen. **Wenn der von Ihnen gekaufte Filter jedoch bei 100% seiner Kapazität für Ihr Projekt nicht ausreicht, müssen Sie einen anderen kaufen.**

Außerdem wird die Durchflussrate des Filters im Laufe der Wochen und Monate abnehmen, da sich das organische Material im Filter ansammelt. Je größer die Durchflussreserve und je mehr Kapazität Sie haben, ohne das Filtermaterial zu beanspruchen, desto länger können Sie die Reinigungszeiten verlängern.

Ein weiteres Ziel, auf das wir beim Kauf eines Filters achten, ist, dass er effizient sein sollte. Ein effizienter Filter. Das **ist ein Filter mit einem guten Gleichgewicht zwischen Durchfluss und Kapazität für Filtermaterial.** Auf dem Markt finden Sie Filter mit einer sehr geringen Kapazität (weniger als 500 ml), die mit Durchflussraten von mehr als 600 l/h arbeiten. Dies ist besonders häufig bei Innenfiltern der Fall. Das Wasser durchläuft oft nur sehr wenig Filtermaterial; die Filtration ist ineffizient. **Die Außenfilter für Aquarien vom Typ "Kanister" sind in dieser Hinsicht die beste Option.** Der Filter auf dem Bild auf der vorherigen Seite ist ein gutes Beispiel für diese Art von Filter. Mit großen Durchflussraten und großer Kapazität für Filtermaterial.

Die mittlere Option wäre ein Rucksackfilter.

IST DIE DURCHFLUSSMENGE ODER DIE KAPAZITÄT WICHTIGER?

BEIDES! Wenn wir ein 100-Liter-Aquarium haben und einen Filter mit einer höheren Durchflussrate kaufen, als wir brauchen, aber mit einer geringeren Kapazität, ist dieser Filter NICHT geeignet. Und andersherum auch nicht. Schauen wir uns das unten an:

Ein Beispiel: Wir wollen einen Rucksackfilter für **ein "anspruchsloses" 100-Liter-Aquarium** kaufen (mit wenigen Fischen und wenig zersetzenden organischen Stoffen im Allgemeinen). Daher ist eine Durchflussrate von **mindestens 600 Litern pro Stunde** und eine Kapazität von **mindestens 1,5 Litern** ausreichend. Und wir sind im Zweifel, ob wir Filter A oder Filter B kaufen sollen.

Rucksackfilter A:

- Durchflussmenge: 1000 Liter/Stunde.
- Fassungsvermögen: 1 Liter.

DIESER FILTER IST NICHT GEEIGNET: Sie haben mehr Durchfluss als wir brauchen, es gibt kein Problem. Aber die Kapazität ist geringer als wir brauchen. Er ist nicht gut für uns.

Klärung: *Es kann für sehr spezielle Projekte nützlich sein, wie z.B. ein Aquarium mit wenigen Tieren und vielen natürlichen Pflanzen, die auch die Wasserfilterung begünstigen.*

Rucksackfilter B:

- Durchflussmenge: 1500 Liter/Stunde.
- Fassungsvermögen: 2 Liter.

DIESER FILTER IST DER RICHTIGE FILTER: Sie haben mehr Durchfluss als wir brauchen, kein Problem. Sie haben mehr Kapazität, als wir brauchen, kein Problem.

In einem anderen hypothetischen Fall, in dem die Durchflussrate das Kriterium ist, das nicht erfüllt wird, wäre es auch kein geeigneter Filter. Der Filter muss beide Kriterien erfüllen.

Was wir gerade gesehen haben, sind die Grundlagen für die Auswahl eines Filters. Wir werden sie ein wenig weiterentwickeln, so dass der Filter am besten für Ihr spezifisches Projekt geeignet ist.

3.2 WIE FUNKTIONIERT EIN FILTER?

Der Mechanismus ist einfach und bei allen Arten von Filtern ähnlich. **Ein Filter besteht aus**:

- Ein Wasserzulaufrohr
- Eine Wasserabsaugpumpe
- Ein Fach, das die Filtermedien enthält
- Ein Wasserauslass

Die einfachsten Modelle haben ein einziges Fach, in das das Filtermaterial gelegt wird. Die anderen sind in mehrere Fächer oder "Körbe" unterteilt.

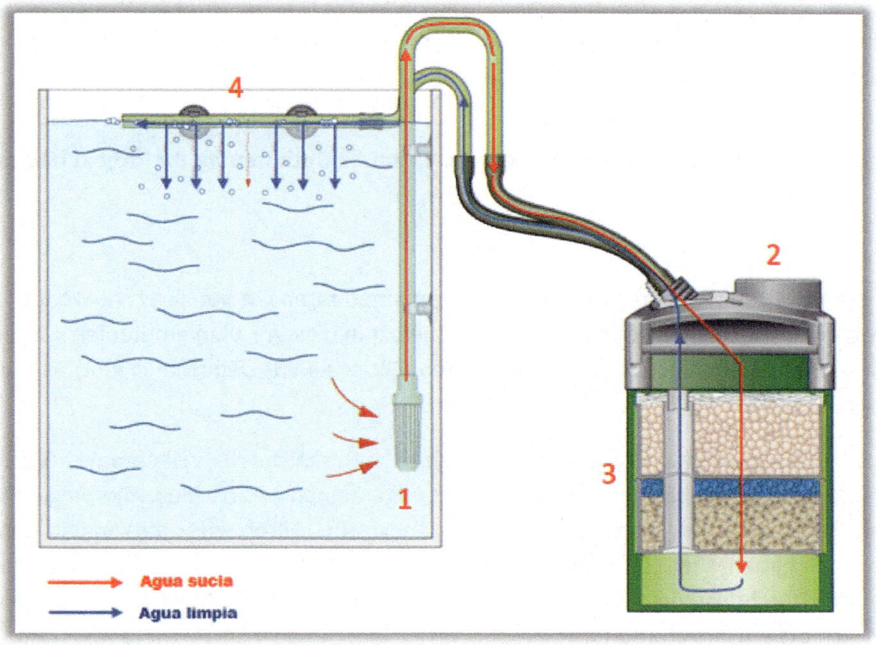

Das Diagramm in der Abbildung stellt einen Kanister-Außenfilter dar. Die Pfeile zeigen den Wasserfluss an. Das "schmutzige Wasser" kommt im Filter an. Es durchläuft die Kammern, in denen sich das Filtermaterial befindet. Und schließlich wird das "saubere Wasser" wieder in das Aquarium eingefüllt. ***In diesem Beispiel sind die Filtermaterialien nicht gut platziert****. Schauen wir uns an, wie es geht!*

RICHTUNG DES WASSERFLUSSES UND PLATZIERUNG DER FILTERMEDIEN

1. **Wasserzulauf** aus dem Tank. Das Wasser enthält feste Partikel (wie Essensreste, tierische Abfälle, Pflanzenblätter usw.) sowie giftige Substanzen (Ammonium, Ammoniak und Nitrite usw.).
2. **Filterkopf,** in dem sich die Wasserpumpe befindet, die das Wasser durch das Rohrsystem und in den Filter befördert.
3. **Fächer oder Körbe,** in denen sich die Filtermaterialien befinden.

Das Wasser muss die verschiedenen Fächer in der folgenden **Reihenfolge durchlaufen:**

- **1. mechanischer Filter** (falls vorhanden): Er hält die größten Partikel zurück.
- **2. der biologische Filter (IMMER VORHANDEN)**: beherbergt nitrifizierende Bakterien, die Ammoniak und Nitrite in Nitrate umwandeln.
- **3º Schließlich, chemischer Filter** (falls vorhanden): wir werden seine Funktionen später sehen.

4. **Reinigen Sie den Wasserauslass**, der in den Tank nachgefüllt wird**.**

Später werden wir über 2 Filter sprechen, die wir aufgrund ihrer guten Ergebnisse empfehlen, und wir ***lassen Ihnen einige Videos da, in denen Sie sehen, wie Sie das Filtermaterial einsetzen.***

3.3 ARTEN VON FILTERN

Der Markt ist groß und die Möglichkeiten sind vielfältig. Es gibt eine **Vielzahl von Filtern**, sowohl für die kleinsten Aquarien oder Nano-Aquarien als auch für Aquarien mit einem Volumen von mehr als 600 Litern.

Jedes System hat seine Vor- und Nachteile, aber **Sie werden immer mehrere optimale Optionen für Ihr Projekt haben.**

A. INNENFILTER

Innenfilter sind Filter, die im Inneren des Tanks angebracht sind. Im Allgemeinen raten wir von ihrer Verwendung ab. Sie können für Aquarien von weniger als 40-60 Litern nützlich sein, aber selbst in diesen Fällen empfehlen wir die Verwendung von Rucksackfiltern. Das soll nicht heißen, dass es keine guten Optionen auf dem Markt gibt; es gibt Kollegen, die sie mit guten Ergebnissen einsetzen.

Sie werden im Inneren des Tanks platziert. Sie zeichnen sich durch ihre kompakte Größe aus und da sie untergetaucht sind, ist ihr Betrieb im Allgemeinen geräuschlos. Allerdings gibt es interne Filter, die Geräusche machen, und externe Filter, die dies nicht tun. Normalerweise haben sie ein unausgewogenes Verhältnis zwischen Durchfluss und Kapazität. Viel Durchfluss und wenig Kapazität für das zu filternde Material. Außerdem handelt es sich oft um Einkammerfilter.

Einige der Vorteile dieser Filter sind:

- Sie nehmen keinen Platz außerhalb des Aquariums ein.
- Sie werden keine Probleme mit Wasserlecks haben.
- Wir müssen keinen Schrank aufstellen, um den Filter aufzunehmen (allerdings auch nicht im Falle von Rucksackfiltern).

Einige Nachteile:

- Sie nehmen Platz im Aquarium weg und können ein ästhetisches Problem darstellen.
- Sie haben in der Regel eine kleinere Kapazität für Filtermedien. Und **je größer die Kapazität für die Filtermedien ist, desto mehr Platz nehmen sie im Aquarium ein.**
- **Bei der Pflege werden wir das Aquarienwasser verschmutzen, indem wir** einen Teil seines Inhalts freisetzen.

B. KASKADEN- ODER RUCKSACKFILTER.

Sie sind keine Synonyme, aber wir werden sie als solche verwenden. Kaskadenfilter sind Knapsack Filter, aber nicht alle Knapsack Filter sind Kaskadenfilter (Sie können den Unterschied in den Bildern sehen).

Dies sind Außenfilter, die an der Außenseite einer der Aquarienwände hängen, wobei sich der Wasseraufnahmeschlauch und der Wasserfall oder das Auslassrohr im Inneren des Aquariums befinden.

Da sich der Filter außerhalb des Aquariums befindet, ermöglichen sie es den Herstellern, die Größe der Abteile zu erhöhen, ohne das Volumen des Innenraums des Beckens zu verringern. Sie sind in der Regel in Abteilungen unterteilt. Im Allgemeinen haben sie eine größere Kapazität für Filtermedien als Innenfilter, aber weniger als Außenfilter.

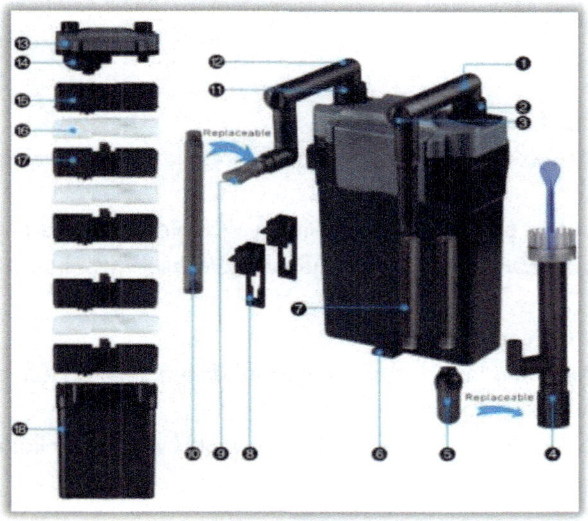

Einige Vorteile von Rucksackfiltern:

- Sie nehmen keinen Platz in der Wahlurne ein.
- Da sie nicht durch den Platz im Tank begrenzt sind, haben sie im Allgemeinen eine größere Kapazität für Filtermedien als Innenfilter.
- Sie sind leicht zu handhaben. Das erleichtert die Wartung oder andere Zwecke.
- Sie sind wirtschaftlicher als externe Filter.

Einige Nachteile:

- Man wird sie aus dem Aquarium heraushängen sehen, es sei denn, Sie stellen sie nach hinten und decken die Rückscheibe mit einem Schutzpapier ab. Eine andere Möglichkeit ist, hohe Pflanzen einzusetzen.
- Bei Kaskadenfiltern kann nicht verhindert werden, dass das Wasser auf die Oberfläche fällt, wodurch der Eintrag von O_2 in das Wasser und der Ausstoß von CO_2 erleichtert wird. Dies kann ein Nachteil für Hobbyisten mit bepflanzten Aquarien mit hohem Bedarf an künstlichem CO_2 sein.
- Bei externen Kanister Filtern ist die Größe stärker begrenzt und sie haben eine geringere Kapazität für das Filtermaterial.

C. EXTERNE ODER "KANISTER"-FILTER

Diese Filter werden separat vom Tank aufgestellt. Sie sind über einen Einlass- und einen Auslassschlauch mit ihm verbunden.

Im Allgemeinen handelt es sich um Filter mit einer hohen Durchflussrate und einer großen Kapazität für Filtermaterial. Sie können perfekt für Tanks von 50-70 Litern verwendet werden. Auch in ästhetischer Hinsicht haben sie Vorteile: Der Filter kann im Schrank mit dem Tank aufbewahrt werden, so dass nur die Schläuche zu sehen sind.

Bei dieser Art von Filter muss berücksichtigt werden, dass **ein größeres Ein- und Auslassrohr eine höhere Durchflussrate ermöglicht.**

Einige Vorteile von externen Filtern:

- Sie haben keine Kapazitäts- oder Durchflussbegrenzung.
- Da sie nicht sichtbar sind, können Sie große Filter kaufen, die für Ihre Bedürfnisse geeignet sind, wie auch immer diese aussehen mögen.
- Sie nehmen keinen Platz im Inneren des Beckens ein und hängen auch nicht im Aquarium.
- Sie sind bei der Wartung einfach zu handhaben: Einstellungen, Wechsel des Filtermaterials, Reinigung...
- Es gibt sehr leise Modelle (von jedem der drei Typen).
- Lange Zeiträume ohne Wartung. Aufgrund ihrer hohen Kapazität können sie monatelang ohne Sättigung und ohne Verringerung der Durchflussrate arbeiten.
- Viele Modelle verfügen über Vorfilter, die den Wartungszeitraum weiter verlängern können.

Einige Nachteile:

- Aus ästhetischen Gründen wäre es ratsam, einen Schrank mit Unterschrank unter dem Aquarium zu installieren, um den Filter dort unterzubringen.
- Die Preise sind im Allgemeinen höher als die von Rucksackfiltern. Die Realität sieht jedoch so aus, dass beim Vergleich eines Außenfilters und eines Rucksackfilters derselben Reichweite und desselben Preises die Kapazität für Filtermaterial bei Außenfiltern gleich oder höher ist.
- Es besteht ein höheres Risiko von Wasserlecks als bei den vorherigen Typen aufgrund schlechter Wartung.

3.4 WEITERE ASPEKTE BEI DER AUSWAHL DES FILTERS FÜR IHR PROJEKT

- Volumen des Tanks
- Anzahl der Fische, Arten und deren Ernährung
- Bepflanztes oder unbepflanztes Aquarium
- Materialien filtern
- Wartung

Volumen des Aquariums. Wie wir Ihnen in der Einleitung des Kapitels gesagt haben, sollte das gesamte Wasservolumen Ihres Aquariums in einer Stunde mindestens 3–5-mal durch den Filter fließen. Dafür sollte der Filter eine theoretische Durchflussmenge von mindestens dem 5-6-fachen des Aquarienvolumens haben. Die Kapazität für Filtermaterial, die wir im Allgemeinen empfehlen, beträgt **mindestens** 1,5 Liter pro 100 Liter Wasser. **Je größer das Volumen des Aquariums ist, desto höher sollten die Durchflussrate und die Kapazität des Filters sein.**

Anzahl der Fische, Arten und deren Fütterung. Ein weiterer wichtiger Faktor bei der Auswahl eines Filters ist die ungefähre Anzahl der Fischarten, die das Aquarium bewohnen werden, und ihre Art der Fütterung. Es gibt Fische, die mehr Abfall produzieren als andere, und es gibt Arten der Fütterung, die mehr "verschmutzen" als andere. Wenn Sie beispielsweise ein Aquarium mit "Diskusfischen" haben oder haben wollen und diese mit Futter füttern, müssen Sie berücksichtigen, dass diese eine Menge zersetzendes organisches Material erzeugen. Ihr Filter braucht genügend Filtermedien und Wasserdurchfluss, um diese Giftstoffe umzuwandeln.

Das Gleiche gilt für Goldfische, die ebenfalls eine Menge Abfall produzieren. Außerdem sind "Schwimmblasen"-Probleme bei Goldfischen häufig und es wird empfohlen, kein Trockenfutter zu füttern. Wenn Sie Flocken oder anderes Futter einweichen, bevor Sie es in das Aquarium geben, entstehen mehr Abfälle und es sammelt sich mehr organisches Material im Wasser an.

Die Anzahl der Fische im Aquarium ist sogar noch wichtiger als die Art.

Kurz gesagt, wenn wir eine Überbevölkerung in den Aquarien haben, wenn wir mit Gülle füttern, wenn wir Fische haben, die eine Menge Abfall produzieren... All diese Situationen sollten vor dem Kauf des Filters berücksichtigt werden, um **die empfohlene Kapazität für Filtermaterial zu erhöhen, z.B. bis zu 2 oder 3 Liter Kapazität pro 100 Liter Beckeninhalt.** Was die Durchflussmenge betrifft, so würden 600-700 Liter pro Stunde und 100 Liter bei Kanister Filtern weiterhin ausreichen und müssen bei Rucksack- oder Innenfiltern wahrscheinlich höher sein, da ihre tatsächliche Durchflussmenge mit der Zugabe von Filtermedien und der Ansammlung von Abfallprodukten um einen größeren Prozentsatz abnimmt.

Vergessen Sie nicht, dass sich die Nitrate weiter aufbauen, egal wie viel Filtermedien und Bakterien Sie im Filter haben. Wenn Sie viel zersetzendes Material im Aquarium haben, müssen Sie die Häufigkeit oder den Prozentsatz des Wasserwechsels erhöhen **oder natürliche Pflanzen einsetzen**. Eine andere Möglichkeit wäre die Verwendung einer speziellen chemischen Filterung (dies wird in Kapitel 4: "Filtermedien" und am Ende des Buches in "Anhang 1" erklärt.

Bepflanzte oder unbepflanzte Aquarien. In Aquarien mit reichlich **natürlichen Pflanzen** spielen sie eine **wichtige Rolle bei der Filterung und Entgiftung** des Wassers. Sie sind in der Lage, große Mengen an Nitraten, Ammoniak und Phosphaten zu entfernen. Sie können auch Schwermetalle entfernen und bieten dem Ökosystem weitere Vorteile, die in dem Abschnitt über Pflanzen in Kapitel 12 behandelt werden.

Wenn Sie hingegen ein "Hightech-Aquarium" haben (später, im Abschnitt über Pflanzen in Kapitel 12, werden wir besser verstehen, was dieses Konzept bedeutet, aber wir lassen hier unten ein Video eines Kollegen, in dem er es erklärt), mit Pflanzen, die schnell wachsen, mit häufigem Rückschnitt und häufigem Austausch von Blättern, ist es möglich, dass Ihr Filter mit großen Trümmern von verrottenden Blättern gesättigt ist. **Möglicherweise benötigen Sie einen Filter mit einer höheren Kapazität und Durchflussmenge, um eine häufige Sättigung zu vermeiden** und die Wartungszeiten zu verlängern.

- **In einem Aquarium mit hohem Pflanzenbedarf**, mit Dünger und CO2, empfehlen wir:
  - **500ml oder weniger biologisches Filtermedium pro 100 Liter** Tankinhalt oder befolgen Sie die Mindestempfehlungen des Herstellers.
  - **3 Liter Gesamtkapazität pro 100 Liter** Tankinhalt.
  - Eine **theoretische Durchflussmenge** von mindestens dem **7-9fachen** des gesamten Aquarienvolumens.
  - Der **Einsatz einer mechanischen Filtration** könnte in diesem Fall sehr nützlich sein.

"Ein Beispiel für ein High-Tech-Aquarium"

- **In einem Aquarium mit vielen Pflanzen mit geringen bis mittleren Ansprüchen, gesund, mit geringer bis mittlerer Beleuchtung, ohne Dünger und ohne CO2 und ohne Überbevölkerung von Fischen oder anderen Tieren:**
  - **Sie können auch 500 ml oder weniger biologisches Filtermedium pro 100 Liter verwenden** (oder die Mindestempfehlungen des Herstellers beachten).
  - **Beachten Sie die allgemeinen Empfehlungen** (mindestens 1500 ml Gesamtkapazität und 500 l/h Durchflussrate).

"Ein Beispiel für ein Medium-Tech-Aquarium"

- In Aquarien mit wenigen Pflanzen können wir so tun, als gäbe es keine Pflanzen und mit den folgenden Empfehlungen fortfahren.

Filtermedien. Das wichtigste Filtermaterial und **das EINZIGE, das unentbehrlich ist, ist das biologische Filtermaterial.** Aber es gibt Projekte oder sehr spezielle Situationen, die den Einsatz anderer Filtermaterialien erfordern, und in diesem Fall **können Sie die biologische Filterung NICHT entfernen, um andere Arten der Filterung einzusetzen. Sie müssen diesen Raum vorher haben, auch wenn Sie ihn die meiste Zeit nicht nutzen**.

Pflege. Je kleiner die Kapazität und je geringer die Durchflussrate unseres Filters, desto aufmerksamer müssen wir bei der wöchentlichen Pflege unseres Aquariums **sein**, um die Ansammlung von sich zersetzenden organischen Stoffen und die Sättigung der Filteranlage zu vermeiden. Wir werden in Kapitel 10 sehen, wie man eine gute Wartung durchführt. **Wenn wir außerdem einen Filter mit einer sehr geringen maximalen Durchflussmenge haben und dieser mit Filtermaterial gesättigt ist, wird der Wasserdurchfluss leichter abnehmen und wir müssen den Filter früher reinigen.**

3.5 WELCHE KAPAZITÄT UND DURCHFLUSSMENGE SOLLTE IHR FILTER IN IHREM SPEZIELLEN FALL HABEN?

ALLGEMEINE EMPFEHLUNGEN

1. **Filterkapazität pro 100 Liter Wasser.**
   - Mindestens 500 ml biologisches Filtermaterial.
   - Mindestens 1500 ml Gesamtvolumen.

   Diese Fähigkeit müssen Sie in der Beschreibung des jeweiligen Filters suchen (nicht immer leicht zu finden).

2. **Theoretische Durchflussmenge des Filters pro 100 Liter Wasser.**
   - Mindestens 500-600 Liter pro Stunde.

BESONDERE EMPFEHLUNGEN

- Im Falle von Diskus-Aquarien, Goldfischen oder anderen Fischen, die **viel organischen Abfall** produzieren.
- Falls Sie **mehr Fische als empfohlen** einsetzen wollen (im Allgemeinen 1 cm Fisch pro Liter Wasser, siehe Kapitel 14: "Die Bewohner des Aquariums").
- Falls Sie so **wenig Zeit wie** möglich für **Wartungsarbeiten** aufwenden möchten.

Für diese Fälle empfehlen wir:

- **Filterkapazität pro 100 Liter Wasser.**
  - Mindestens 1000-1500 ml biologisches Filtermaterial.
  - Mindestens 2500 ml Gesamtvolumen.

- **Theoretischer Filterdurchfluss pro 100 Liter Wasser.**
  - Mindestens 700-800 Liter pro Stunde.

Bei stark bepflanzten Aquarien, unabhängig davon, ob sie gedüngt werden oder nicht und ob Sie künstliches CO_2 verwenden oder nicht, ist der **Bedarf an** biologischen **Filtermedien wahrscheinlich geringer als die allgemeinen Empfehlungen**. Zwei Seiten weiter hinten haben wir spezifische Empfehlungen für diesen speziellen Fall gesehen.

UNSERE PERSÖNLICHE EMPFEHLUNG: ÜBERDIMENSIONIEREN SIE DIE FILTRATIONSANLAGE

Warum eigentlich? Es ist möglich, dass Sie für Ihr aktuelles Projekt keinen leistungsstärkeren Filter benötigen, aber **es ist kein Problem, wenn Sie eine zusätzliche Kapazität haben**, denn so **können Sie sich bei der Pflege** Ihres aktuellen Projekts **entspannen**. Außerdem **wird er** in der Zukunft **für jedes Projekt nützlich sein, das** Sie in diesem Becken einrichten möchten.

Die Investition für die Überdimensionierung des Filters jetzt ist gering im Vergleich zu den Kosten, die Sie in Zukunft für den Kauf eines neuen Filters aufbringen müssen. Und schließlich sollten Sie bedenken, dass ein guter Filter viele Jahre lang hält und dass einige Marken Ersatzteile für alle Komponenten anbieten.

- **Filterkapazität pro 100 Liter Wasser**.
    - **Mindestens 1000-1500 ml biologisches Filtermaterial** (außer in Aquarien mit vielen natürlichen Pflanzen).
    - **Mindestens 3000 ml Gesamtkapazität.**

- **Theoretische Durchflussmenge des Filters pro 100 Liter Wasser**.
    - **Mindestens 800-1000 Liter pro Stunde.**

3.6 ZWEI BEISPIELE FÜR EMPFOHLENE FILTER

Natürlich gibt es noch viele weitere Filter mit einem guten Preis-Leistungs-Verhältnis, die für Ihr Aquarium geeignet sein könnten und von vielen bekannten Marken wie "JBL", "Tetra", "Fluval", "Sera"... Wir nennen Ihnen als Beispiel zwei, mit denen wir gute Erfahrungen gemacht haben.

Wir werden sie auf den folgenden Seiten sehen...

AUßEN FILTER: EHEIM PRO

Dies ist einer der besten Außenfilter, die in den letzten Jahren auf dem Markt waren. Der Filter enthält ALLE Filtermedien, die Sie benötigen.

Es gibt 3 Modelle mit unterschiedlichen Größen und Durchflussraten. **Das kleinste ist das Modell "250" mit einem Pumpendurchsatz von 950 l / h und einem Volumen für Filtermaterial von 3,5 Litern.** Die beiden anderen Modelle finden Sie leicht über Google in Ihrem Aquariengeschäft.

Dies sind einige der Merkmale, auf die Sie bei der Suche nach einem Filter zuerst achten sollten:

- Eine zuverlässige Marke, die eine gute Verarbeitung garantiert?
- Sind Filtermedien enthalten?
- Sind die Durchflussmenge und die Kapazität in der Produktbeschreibung aufgeführt?
- Bis zu welcher Höhe kann das Wasser bei Außenfiltern maximal gepumpt werden?
- Wie hoch ist der Stromverbrauch und gibt es große Unterschiede zu anderen Modellen mit ähnlichen Eigenschaften?
- Wie sind die Abmessungen des Filters?
- Wie groß sind die Durchmesser der Zu- und Abflussrohre?

Nach unserer persönlichen Empfehlung, den Filter zu überdimensionieren, wäre er **ein idealer Filter für ein Aquarium von 80-100 Litern.** Aber je nach Projekt kann er auch für Aquarien mit bis zu 200 Litern verwendet werden. **Das 250er Modell finden Sie ab 190 Euro.**

Als nächstes werden wir uns einen der wirtschaftlichsten Filter auf dem Markt ansehen...

Nicepets - Außenfilter.

Wir gehen zum anderen Extrem über, einem der wirtschaftlichsten Außenfilter auf dem Markt. Es gibt 2: einen mit einer Durchflussmenge von bis zu 1000 Litern/Stunde und einen weiteren mit bis zu 1200 Litern/Stunde. Wir kennen die Kapazität des Filtermaterials im Inneren nicht, aber für die Größe des 1000 l/h Modells sollten es etwa 3,5-4 Liter sein. Bei diesen Filtern ist das Filtermaterial, das Sie benötigen, nicht enthalten.

Preis: ab 70 Euro. (90 Euro mit Filtermaterial).

Auf AliExpress finden Sie auch Außenfilter mit hohem Durchfluss und einer großen Kapazität für Filtermedien, z.B. von der Marke Sunsun. Das Hauptproblem bei diesen Filtern ist das Fehlen von Referenzen und Erfahrungen mit ihnen. Im Falle von Sunsun hat diese Marke jedoch bereits mehrere Filter mit einem Preis-Leistungs-Verhältnis entwickelt, das auf dem Markt unter anderen Aquarienprodukten kaum zu schlagen ist. Es ist nicht einfach, Bewertungen von Menschen zu finden, die diese Filter tatsächlich verwendet haben. Sie sind bei Amazon und AliExpress erhältlich, und vielleicht werden sie bald auch in einigen spezialisierten Aquariengeschäften angeboten.

Wenn wir uns die Preise ansehen, werden wir feststellen, dass **der Unterschied zwischen einem Filter der Marke Eheim** mit den von uns genannten Eigenschaften **und einem Filter von Sunsun oder Nicepets** (einschließlich des Preises für das Filtermaterial) **bei etwa 60 Euro liegt**. Es ist möglich, dass diese Art von billigeren Filtern ein gutes Qualitäts-Preis-Verhältnis hat, dass es Ersatzteile gibt und dass sie eine gute Kaufoption sind, aber das können wir Ihnen nicht versichern. Sie müssen selbst entscheiden, ob Sie sich auf die Suche nach dem besten Preis-Leistungs-Verhältnis begeben oder im Gegenzug für mehr Sicherheit ein wenig mehr ausgeben. Wenn Sie das Risiko eingehen, wäre ein Filter der Marke Sunsun derzeit unsere Empfehlung.

Später werden wir sehen, wie man sie zusammensetzt.

RUCKSACK-FILTER: SEACHEM GEZEITENFILTER

When it comes to hang-on-back filters, we'd like to introduce you to one from a well-known brand, Seachem. However, there are many other brands that offer good products as well. These filters are generally more affordable than external filters, and the price difference (for filters with similar features) between one from a reputable brand like Seachem and one from an unknown brand is typically between 10 and 30 euros when considering the price of filter materials.

Seachem Gezeiten-Rucksackfilter

Es gibt verschiedene Modelle mit geringerer oder höherer Kapazität für Filtermedien und geringerer oder höherer Durchflussrate. Sie **alle enthalten ein gutes Filtermaterial**. Wir empfehlen ihre Verwendung ab 20-30 Liter Aquarien.

Tidal 35: Durchflussmenge von 500L/h. Fassungsvermögen von 0,7 Litern. Ab 50 Euro.	**Gezeiten 55:** Durchflussmenge von 1000L/h. Fassungsvermögen von 1,2 Litern. Ab 45 Euro.
Tidal 75: Durchflussmenge von 1500L/h. Fassungsvermögen von 1,9 Litern. Ab 75 Euro.	**Tidal 110:** Durchflussmenge von 2000L/h. Fassungsvermögen von 3,2 Litern. Ab 95 Euro.

In der Tabelle auf der vorherigen Seite lassen wir Ihnen die 4 Modelle, die auf dem Markt sind. Gemäß der "allgemeinen Empfehlung" für die Wahl des Filters wäre der Tidal 75 Filter für ein Becken von etwa 100 Litern ein geeigneter Filter. Je nach Projekt kann es jedoch erforderlich sein, den Filter zu überdimensionieren. Wenn Sie **den Tidal 110 für ein 100-Liter-Becken verwenden, können Sie** wahrscheinlich **fast jedes Projekt in diesem Becken umsetzen.**

Natürlich finden Sie auf dem Markt auch andere hochwertige Rucksackfilter von anderen Marken.

Bei den Rucksackfiltern empfehlen wir Ihnen, einen Filter einer bekannten Marke zu kaufen. Bei ähnlicher Kapazität des Filtermaterials und Durchflussmenge sehen wir, dass **der Preisunterschied**, wenn wir den **Kauf der Filtermaterialien berücksichtigen, ZWISCHEN 0 UND 20 EURO liegt**! für einen Filter, den Sie jahrelang besitzen werden. Was das **Geschäft angeht, in dem Sie die Filter kaufen können, so ist das ganz einfach:** Geben Sie den Namen des Filters in Google ein, gefolgt von dem Wort kaufen und Sie erhalten das beste Angebot! Und vergessen Sie nicht, dass es auch eine gute Option ist, den Filter in einem zuverlässigen Aquariengeschäft zu kaufen.

WAS IST MIT INTERNEN FILTERN?

Bei Best Aquarium empfehlen wir sie in der Regel NICHT, weil die Kapazität für Filtermedien geringer ist. Um ein ausreichendes Fassungsvermögen für Filtermedien zu haben, müsste man viel Volumen im Inneren des Beckens abziehen.

Obwohl wir sie normalerweise nicht empfehlen, kann es durchaus geeignete Modelle für Ihr Aquarium geben. Wenn Sie in Ihrem speziellen Fall einen dieser Filter benötigen, beachten Sie **die gleichen Empfehlungen für die Durchflussmenge und die Kapazität des Filtermaterials wie bei den anderen Filtertypen**.

Es gibt auch andere Filtersysteme wie **Platten- oder Bodenfilter**. Diese werden unter dem Kies platziert und fangen das schmutzige Wasser auf, das unter dem Kies in den Filter gelangt. Sie haben aber auch andere Nachteile, wie z.B. die Schwierigkeit, natürliche Pflanzen unter guten Bedingungen in diesen Aquarien zu halten.

Ein großer Schritt!

Wenn Sie die Empfehlungen im vorherigen Kapitel zur Wahl des Filters befolgen, ist das ein guter Schritt, um mit der Entwicklung Ihres Projekts zu beginnen. Lassen Sie uns nun einen Blick auf die Filtermedien werfen, die der Schlüssel zu einer guten Filtration sind.

4 DAS FILTERMATERIAL

Ebenso wichtig wie die Wahl des Filters ist die Wahl des Filtermaterials. Wir sind an 3 Arten interessiert: mechanisch, biologisch und chemisch.

Es gibt etwas, das dieses Thema sehr vereinfacht, nämlich dass **es nur eine Art der Filterung gibt, die in unseren Aquarien unerlässlich ist: die biologische Filterung.** Wie wir bereits gesagt haben, ist sie für den wichtigsten Teil der Filterung eines Aquariums zuständig: die Umwandlung von giftigen Substanzen in weniger giftige.

Auf der anderen Seite hilft uns die mechanische Filterung, Partikel in Suspension zu entfernen, da ihr Einsatz überflüssig ist. Das heißt, wir können ein Aquarium mit Wasser haben, in dem sich Partikel sichtbarer Größe in der Schwebe befinden, und trotzdem ein gesundes und ausgewogenes Ökosystem haben. Das wäre so, als ob das Meerwasser "aufgewühlt" wäre, mit Resten von Algen und anderen Partikeln in Suspension, ohne dass das Ökosystem aus dem Gleichgewicht gerät.

Schließlich kann die chemische Filtration zu bestimmten Zeiten eingesetzt werden, um bestimmte Verbindungen aus dem Wasser zu entfernen.

4.1 MECHANISCHE FILTRATION

Im Allgemeinen wird eine Art synthetisches Material wie Polyester (Perlon) oder Schaumstoffschwamm verwendet. Marken wie Sera haben Produkte entwickelt, die sehr nützlich sein können, wie z.B. die "Sera Crystal Clear", Bälle mit einer ähnlichen Filterkapazität wie Perlon, aber ohne die Sättigungsprobleme, die dieses hat. Darüber hinaus können sie gereinigt werden und sind wiederverwendbar. Weitere Informationen finden Sie auf Google oder in Ihrem Aquariengeschäft des Vertrauens.

Falls vorhanden, ist dies die erste Schicht, die das Wasser durchlaufen muss, wenn es den Filter erreicht. Es gibt noch andere Optionen in Bezug auf das Material, wie z.B. "Plastikkugeln", aber sie sind nicht besonders interessant, nehmen viel Platz weg und **die Funktion ist immer dieselbe: Schwebstoffe im Aquarienwasser zurückzuhalten** (Laubstücke, Futterreste,

Fischabfälle, kleine Partikel, die sich vom Aquariensubstrat gelöst haben, usw.).

Was passiert, wenn ich keine mechanischen Filtermedien verwende? Im Allgemeinen **nichts** Relevantes. **Die Wasserqualität wird optimal bleiben.** Es ist jedoch möglich, dass sich kleine Partikel in der Wassersäule absetzen und ein ästhetisches Problem darstellen, aber es ist auch möglich, dass dies nicht geschieht. Ein weiteres Problem, das auftreten könnte, ist, dass unser biologisches und/oder chemisches Material mit Partikeln gesättigt wird und einen Teil seiner Funktion verliert, so dass wir die Filteranlage häufiger warten müssten.

MECHANISCHE FILTERMEDIEN VERWENDEN ODER NICHT VERWENDEN?

Wenn Sie NICHT genügend Kapazität in Ihrem Filter haben, um die Mindestmenge an biologischem Material einzusetzen, die wir im vorherigen Kapitel **empfohlen haben** (mindestens 500 ml pro 100 Liter): **Setzen Sie KEINE mechanische Filterung ein und verwenden Sie ein biologisches Material von guter Qualität.**

Eine Möglichkeit ist in diesem Fall die Installation eines **"Vorfilters"**: ein Schaumstoffschwamm, meist in Form eines Hohlzylinders, der in das Filtereinlassrohr eingesetzt wird.

Er verhindert das Eindringen größerer Schwebeteilchen in den Filter und verlängert die Wartungszeiten des Filters. Beim Nachfüllen müssen Sie den Schwamm etwa alle 3-5 Tage entfernen und reinigen, je nach Größe. Die Reinigung dieses Vorfilters kann mit Leitungswasser durchgeführt werden.

Es ist auch ratsam, einen Vorfilter in Aquarien mit einer großen Menge an organischen Stoffen zu verwenden, wie z.B. in bepflanzten High-Tech-Aquarien, um den Filter nicht zu sättigen und die Wartungszeiten zu verlängern. Er kann auch nützlich sein, wenn Sie in Ihrem Aquarium Garnelen oder Jungfische züchten, da er verhindert, dass diese vom Filter absorbiert werden.

Denken Sie daran, den Vorfilter zu entfernen, wenn Sie in den Urlaub fahren. Wenn er gesättigt ist, verringert sich die Durchflussrate des Filters beträchtlich und er kann seine Funktionen nicht mehr erfüllen.

Wenn Sie bereits die Mindestmenge an biologischem Material eingesetzt haben, die wir im vorherigen Kapitel empfohlen haben, **können Sie eine mechanische Filterung einsetzen. Wir empfehlen in** jedem Fall die **Verwendung von Schaumstoffschwämmen**, aber **NICHT die Verwendung von Perlon.** Perlon verkürzt die Wartungszeit des Filters erheblich, da es den Wasserdurchlass schnell sättigt und verstopft.

In Kapitel 5 "So richten Sie den Filter ein" sehen wir ein Beispiel mit dem Eheim Pro 4 Außenfilter: **Eine 1,5-2 cm dicke Schicht Schaumstoffschwamm kann als mechanisches Filtermaterial für einen Filter mit einer Filtermaterialkapazität von 3 Litern ausreichend sein.** Wenn wir noch mehr mechanische Filterung hinzufügen möchten, könnten wir zum Beispiel Sera-Kugeln verwenden. Verwenden Sie dies als Referenz.

Es gibt auch zylindrische Filter mit einem Metallgitter**, die nicht gesättigt werden und viel weniger häufig gewartet werden müssen. Sie sind sogar besser als Schwammfilter, wenn Sie verhindern wollen, dass kleine Tiere in den Filter gelangen.**

WELCHE MECHANISCHEN FILTERMEDIEN BENÖTIGEN SIE UND WO KÖNNEN SIE SIE KAUFEN?

Wenn Sie nur einen verwenden, empfehlen wir den Schaumstoffschwamm. Einen grob- oder mittelporigen Schwamm und **vermeiden Sie im Allgemeinen die Verwendung von Perlonwolle**. Eine mögliche Verwendung von Perlonwolle wäre: Wenn Sie z.B. gerade das Substrat entfernt haben und eine Menge Partikel angehoben haben, können Sie es vorübergehend verwenden. (Sie können auch 24 oder 48 Stunden warten, bis es sich problemlos wieder abgesetzt hat).

- **Externer Kanister Filter:** Sie können den Schwamm in den Filter legen. Sie können auch einen Vorfilter verwenden.
- **Rucksackfilter:** Er hat den geringsten Platz und gibt dem biologischen Filtermaterial und dem Wasserfluss den Vorrang. Wenn Sie unsere Empfehlungen befolgt haben, können Sie auch eine mechanische Filterung einbauen.

Wenn Sie sich aus Gründen Ihres persönlichen Projekts für mehr als eine Schicht mechanische Filterung entscheiden, sollte der mechanische Filter von der gröberen zur feineren Pore gehen.

Bei vielen Filtern ist der Schwamm für die mechanische Filtration bereits beim Kauf enthalten. **Prüfen Sie vor dem Kauf, ob der Schwamm in Ihrem Filter enthalten ist oder nicht.** Oft ist auch Perlonwolle enthalten. Wir empfehlen, diese vollständig zu entfernen, vor allem, wenn Sie wenig Kapazität für die biologische Filterung haben.

Denken Sie daran: Der Vorfilter ist das einzige Filtermedium in Ihrem Filter, das Sie mit Leitungswasser reinigen können. Der Rest der Filtermedien muss mit Aquarienwasser oder bei einigen Arten der chemischen Filterung gemäß den Anweisungen des Herstellers gereinigt werden.

Die mechanische Filterung im Inneren des Filters kann sowohl mit Aquarienwasser als auch mit Leitungswasser gereinigt werden. Der Filter und seine Komponenten können auch mit Leitungswasser gereinigt werden. Wenn Sie NICHT nach dieser Anleitung vorgehen, sterben ein Teil oder alle Bakterien, die im biologischen Filtermaterial leben, ab und können ihre Funktionen nicht mehr erfüllen.

So kaufen Sie einen Vorfilterschwamm oder ein Metallgitter

- Das billigste: gehen Sie zu AliExpress und geben Sie in die Suchmaschine ein: "Aquarium Vorfilter Schwamm oder Metallgitter". Damit haben Sie für mehrere Jahre ausgesorgt.
- Am schnellsten und für manche Leute auch ideal ist es, in ein seriöses Aquariengeschäft zu gehen und dort Ihre Ausrüstung zu kaufen. Das ist vielleicht etwas weniger günstig als die Suche nach den besten Angeboten bei Google, aber es gibt Fachleute, die Ihnen im Zweifelsfall helfen können.
- Eine andere Möglichkeit ist, Amazon einzugeben und in die Suchmaschine zu schreiben: "aquarium prefilter".

Zum Kauf des Filterschwamms:

- Das billigste: gehen Sie zu AliExpress und geben Sie in die Suchmaschine ein: "Aquarium Filterschwamm". Für 4 Euro erhalten Sie einen Schwamm fürs Leben.

- Am schnellsten und für manche Leute auch ideal ist es, in ein seriöses Aquariengeschäft zu gehen und dort Ihre Ausrüstung zu kaufen. Das ist vielleicht etwas weniger günstig als die Suche nach den besten Angeboten bei Google, aber es gibt Fachleute, die Ihnen im Zweifelsfall helfen können.
- Eine andere Möglichkeit ist, auf Amazon zu gehen und in die Suchmaschine einzugeben: "Aquarium Filterschwamm". Wählen Sie eine mittelgroße Pore. Für 5-10 Euro haben Sie einen Schwamm fürs Leben.

4.2 BIOLOGISCHE FILTRATION

In Richtung der Wasserzirkulation: Das biologische Filtermaterial wird nach dem Schaumstoffschwamm (falls vorhanden) oder zuerst (falls es keinen Schwamm gibt) eingesetzt. Es erfüllt die wichtigste Funktion: **Es beherbergt die nitrifizierenden Bakterien, die** in der Lage sind, Ammonium, Ammoniak und Nitrite (Produkte der Fischabfälle und der Zersetzung organischer Stoffe im Aquarium) in eine weniger giftige Verbindung, die Nitrate, umzuwandeln. **Nitrifizierende Bakterien sind aerob: Sie brauchen Sauerstoff zum Leben. Dieser Prozess wird als Nitrifikation bezeichnet.**

Die biologische Filtermedium Schicht besteht aus Keramik oder anderen gleichermaßen porösen Materialien. Je poröser das Material ist, desto mehr Platz haben die Bakterien, sich anzusiedeln und zu vermehren.

Es gibt einige biologische Materialien wie De Nitrate und Matrix von Seachem, die aufgrund ihrer hohen Porosität anaerobe Bedingungen (oder Sauerstoffmangel) aufweisen und **ebenfalls Nitrate** aus dem Wasser **entfernen** können. Das heißt, **es gibt auch Bakterien, die Nitrate entfernen können. Dies sind anaerobe Bakterien. Dieser Prozess wird als Denitrifikation bezeichnet** und würde das häufigste Gift in unseren Aquarien vollständig eliminieren, indem es in Form von N_2 aus dem Wasser ausgestoßen wird. ist das Gas, das 78% der Luft in unserer Atmosphäre ausmacht. **Dieser Aspekt ist NICHT so wichtig, wie es scheinen mag**, da es sich um einen langsamen Prozess handelt, der bestimmte Bedingungen benötigt, um in unseren Aquarien abzulaufen, und der in unseren Aquarien nicht in ausreichendem Maße stattfindet, um uns vor Wasserwechseln zu bewahren. Denitrifikation findet auch unter dem Bodengrund und in sauerstoffarmen Bereichen unseres Aquariums oder Filters (mit schlechter Wasserzirkulation) statt.

Neben der chemischen Filterung werden wir in "Anhang 1" auch andere Methoden zur Senkung des Nitratgehalts in unseren Aquarien besprechen.

Sobald das Aquarium und der Filter eingerichtet sind, ist das biologische Filtermaterial völlig leer, ohne Bakterienkolonien, so dass Ihr Aquarium einen Prozess durchlaufen muss, der als Zyklus bezeichnet wird und bei dem sich die nitrifizierenden Bakterien ansiedeln: wir werden dies in Kapitel 9 sehen.

Es gibt einige biologische Filtermedien, die Wasserparameter wie den pH-Wert verändern können. Wir empfehlen, dass Sie inerte oder neutrale Materialien (die die Wasserparameter nicht verändern) verwenden, wenn Sie KEIN sehr spezifisches Projekt planen und nicht genau wissen, wonach Sie suchen.

Wir haben immer wieder betont, wie wichtig die Qualität des Materials ist. **Nicht jedes biologische Filtermaterial ist geeignet. Suchen Sie nach einer anerkannten Marke und investieren Sie gut in die Filterung.** Diese Materialien haben eine Lebensdauer von **mindestens zwei Jahren**, so dass ihre Kosten nicht so hoch sind, wie es vielleicht scheint. Wenn es sich um ein gutes Material handelt, reicht es aus, das Material alle ein bis zwei Jahre um 10 % auszutauschen, indem Sie es durch ein neues ersetzen. Bei vielen Filtern ist das biologische Filtermaterial bereits beim Kauf enthalten. **Prüfen Sie vor dem Kauf, ob es im Lieferumfang Ihres Filters enthalten ist oder nicht.**

WELCHE BIOLOGISCHEN FILTERMEDIEN BENÖTIGEN SIE UND WO KÖNNEN SIE SIE KAUFEN?

Wir schlagen 3 Optionen vor, die gute Ergebnisse liefern. Jede der drei Optionen ist eine gute Wahl, obwohl es natürlich auch viele andere hochwertige Optionen zu kaufen gibt:

- Neo Media Pure 1 Liter für ca. 14 Euro.
- Seachem Matrix 500mL für ca. 14 Euro.
- JBL Micromec 1 Liter für ca. 13 Euro.

Was die Frage betrifft, wo Sie es kaufen können, so ist es in diesem Fall sehr einfach: Sie können es bei Google suchen, indem Sie den Namen des Produkts eingeben, oder Sie gehen in ein Geschäft Ihres Vertrauens und wählen dort eines aus.

Es gibt ein biologisches Filtersystem, das als "Tropfkörpersystem" oder "Nass-Trocken-Filter" bekannt ist, für das "Bioballe" verwendet werden, obwohl heutzutage auch jede Art von biologischem Material verwendet wird. Um dieses System zu verwenden, sind andere Filtertypen und mehr Platz erforderlich. Sie sind eine Option für sehr engagierte Aquarianer, mit großen Aquarien oder mit mehreren Aquarien, die an ein einziges Filtersystem angeschlossen sind. Diese Art der Filterung ist für ein gutes Funktionieren unserer Ökosysteme nicht erforderlich.

4.3 CHEMISCHE FILTRATION

Die chemische Filtration kann bestimmte Verbindungen aus dem Wasser entfernen, z.B. organische Stoffe, Drogen, Ammonium, Nitrite, Nitrate, Phosphate, Kieselsäure usw. Und sie kann auch die Wasserparameter verändern: GH, pH-Wert... Es gibt eine Vielzahl von chemischen Filtrationsprodukten, jedes mit seinen eigenen Funktionen und Eigenschaften. Sie werden eingesetzt, um die Wasserbedingungen in ganz bestimmten Fällen zu optimieren. Der Einsatz der chemischen Filterung in einem Aquarium muss ein bestimmtes Ziel haben:

EINIGE DER MÖGLICHEN ANWENDUNGEN DER CHEMISCHEN FILTRATION SIND

- Entfernen Sie Abbauprodukte von organischen Stoffen (Proteine, Fette, Metalle, Hormone...) und auch Nitrat, Nitrite, Ammonium, Phosphate... aus dem Wasser in NICHT-gepflanzten Aquarien**, um die Anzahl der Wasserwechsel zu reduzieren und das Auftreten von Algen zu begrenzen.** Sie können auch andere Verbindungen entfernen.
- Entfernen Sie Abbauprodukte von organischem Material (Proteine, Fette, Metalle, Hormone...) und auch Nitrat, Nitrite, Ammonium, Phosphate... mit Aktivkohle oder einem anderen Produkt, sowohl in bepflanzten als auch in unbepflanzten Aquarien, um **ein Problem (vorübergehend) mit überschüssigem Ammonium zu lösen.**
- Ändern Sie den pH-Wert oder die Härte des Wassers.
- Nehmen Sie nach der Behandlung keine Medikamente mehr ein.

- Beseitigen Sie unangenehme Gerüche.
- Beseitigen Sie die vom Holz freigesetzten Gerbstoffe, wenn wir einen neuen Stamm eingesetzt haben. Das Wasser wird gelb sein.
- Und viele mehr.

Die chemische Belastung würde in unserem Filter in Fließrichtung des Wassers an letzter Stelle stehen, nach der biologischen Filterung. Sogar ein zusätzlicher Filter könnte verwendet werden, um die chemische Filterung auf einer Ad-hoc-Basis zu platzieren.

Denken Sie daran: Wenn Sie Pflanzen im Aquarium **haben** und immer eine chemische Belastung im Filter belassen, die ihnen die für das Wachstum notwendigen Mikronährstoffe und Makronährstoffe entzieht, gibt es keine Nährstoffe für die Pflanzen, sie wachsen nicht und wenn diese Situation über einen längeren Zeitraum beibehalten wird, werden sie schließlich sterben.

Das chemische Filtermaterial schlechthin ist seit jeher Aktivkohle, die leicht zu beschaffen, erschwinglich und sehr funktionell ist. Aber es wurden auch andere Optionen entwickelt, wie z.B. adsorbierende Harze, die einige Vorteile gegenüber Aktivkohle haben. Harze können für bestimmte Zwecke eingesetzt werden, z.B. zur Adsorption und Reduzierung der Phosphatkonzentration im Wasser (als Vorbeugung gegen Algen), zur Absorption* von Kalzium- und Magnesiumionen, um die Wasserhärte zu reduzieren, oder zur Absorption von Nitraten und Nitriten. Es gibt auch säuernde Torfsorten, die dem Wasser Gerbsäure und Huminsäure hinzufügen, die den pH-Wert des Aquariums senken.

*Adsorbieren: Dies ist das erste Mal, dass wir auf dieses Konzept verweisen. **Adsorption** ist ein Prozess, bei dem Atome, Ionen oder Moleküle von gelösten Gasen, Flüssigkeiten oder Feststoffen auf einer Oberfläche festgehalten werden, im Gegensatz zur **Absorption**, die ein Volumenphänomen ist.

Wenn Sie sich für dieses Thema interessieren und etwas mehr Informationen wünschen, lassen wir es für das Ende stehen, da es etwas komplexer zu verstehen ist und nicht unbedingt notwendig ist. Sie finden es in "Anhang 1" am Ende des Buches.

WELCHE CHEMISCHEN FILTERMEDIEN BENÖTIGEN SIE UND WO KÖNNEN SIE SIE KAUFEN?

KEINE. Sparen Sie die 20, 40 oder sogar 60 Euro, die Sie für diese Materialien ausgeben können. **Das chemische Filtermaterial, das in der Lage ist, die meisten verschiedenen Verbindungen aus dem Wasser zu entfernen, ist Aktivkohle. Es zu Hause zu haben, ist also eine gute Option, um ein Problem vorübergehend zu lösen.** Wenn Sie sich für diese Materialien für einen bestimmten Zweck interessieren oder Sie ein Problem haben, das Sie vorübergehend lösen müssen, werden wir am Ende sehen, wie Sie das machen können.

Denken Sie daran, dass Sie nicht nur das Filtermaterial kaufen müssen, sondern auch Platz im Filter haben, um es zu verwenden. Wenn Sie einen Notfall haben und eine chemische Filterung benötigen, um eine Verbindung aus dem Wasser zu entfernen, empfehlen wir die Verwendung von Aktivkohle, aber denken Sie daran, sich vorher gut über deren Verwendung zu informieren.

WARUM SOLLTEN SIE NICHT WEITHIN CHEMISCHE FILTERMEDIEN VERWENDEN?

- Sie haben einen relativ hohen Preis (etwa 15-20 Euro pro Produkt und abhängig von der Größe Ihres Beckens).
- Sie benötigen zusätzliche Kapazität im Filter oder einen zweiten Filter. Vergessen Sie nicht, dass das biologische Material essentiell ist und dass es möglich ist, dass Ihr Filter keinen zusätzlichen freien Platz für dieses Material hat.
- Es erfordert eine zusätzliche Zeitinvestition, um zu lernen, wie man sie benutzt und wie man sie ersetzt. Allerdings können Sie bei richtiger Anwendung Wartungszeit sparen und mittel- bis langfristig einige interessante Vorteile erzielen.
- Im Allgemeinen werden wir keine natürlichen Pflanzen haben können, wenn wir sie verwenden.
- **Und vor allem, weil seine Verwendung nicht notwendig ist, um das Gleichgewicht in Ihrem Ökosystem aufrechtzuerhalten**: Wenn Sie die Ratschläge, die wir Ihnen geben, befolgen, werden Sie ein gesundes Aquarium haben und die häufigsten Krankheiten Ihrer Fische und die häufigsten Probleme Ihres Aquariums ohne den Einsatz weiterer Produkte vermeiden.

Denken Sie daran: Verwenden Sie **KEINE** chemischen Filtermedien, die organische Stoffe, Ammonium oder Nitrit **während des Zyklus im Aquarium** entfernen; dies verzögert den Zyklus.

4.4 FILTERMEDIEN: SCHLÜSSELBEGRIFFE

- **Die Wahl des Filtermaterials und seiner Qualität ist ebenso wichtig wie die Wahl des Filters.**
- Die Filterung erfolgt hauptsächlich (aber nicht ausschließlich) im Inneren des Aquarienfilters, dank der Filtermedien, die im Inneren des Filters geschichtet sind.
- Es gibt drei Arten der Wasserfilterung im Aquarium: mechanisch, biologisch und chemisch.
- Die wirklich wichtige ist die biologische Filtration. Und wenn dieser Bedarf gedeckt ist, können Sie zweitens auch eine mechanische Filterung einsetzen.
- Die chemische Filtration kann zu bestimmten Zeiten eingesetzt werden, um bestimmte Verbindungen zu entfernen, oder kontinuierlich zu einem bestimmten Zweck.

4.5 WIE PLATZIERT MAN DIE FILTERMEDIEN IM FILTER?

Wir haben bereits gesehen, wie man das macht, aber lassen Sie uns das noch einmal etwas ausführlicher betrachten:

Die Position, die die einzelnen Filtermaterialien einnehmen, kann von einem Filter zum anderen variieren, je nach dem Kreislauf, dem der Wasserfluss im Filter folgt:

- **Von oben nach unten:** Das Wasser tritt in den Filter ein und durchläuft jedes Fach oder jeden Korb in abwärts gerichteter Richtung, bis es den Boden erreicht und durch eine Seite aufsteigt, bis es den Filter verlässt, um wieder in den Tank gefüllt zu werden. **In diesem Fall würde die 1. Schicht (die mechanische Schicht) oben liegen.**
- **Von unten nach oben:** Das Wasser kommt oben im Filter an und fließt durch ein Rohr oder eine Seite nach unten zum Boden und von dort durch alle Kammern des Filters zum Auslass. **Die 1. Schicht (die mechanische Schicht) befände sich am Boden**.

- **Zwischenbemerkung:** In einem der Beispiele unten (dem Eheim pro 4 Außenfilter) geschieht Folgendes: Das Wasser kommt im oberen Fach des Filters an, durchläuft eine 1. Schicht der mechanischen Filterung und fällt dann durch ein Seitenrohr zum Boden. Von der Basis, die die 2. Schicht wäre, steigt es in die zentrale Kammer, die die 3. Schicht wäre, und von dort wird es wieder in das Aquarium gefüllt.

Es ist eine einfache Sache, aber sie ist nicht immer bei allen Filtern gleich offensichtlich. **Nehmen Sie sich 5 Minuten Zeit, um herauszufinden, welcher Kreislauf dem Wasser in Ihrem Filter folgt**, denn das ist wichtig.

RICHTUNG DES WASSERFLUSSES

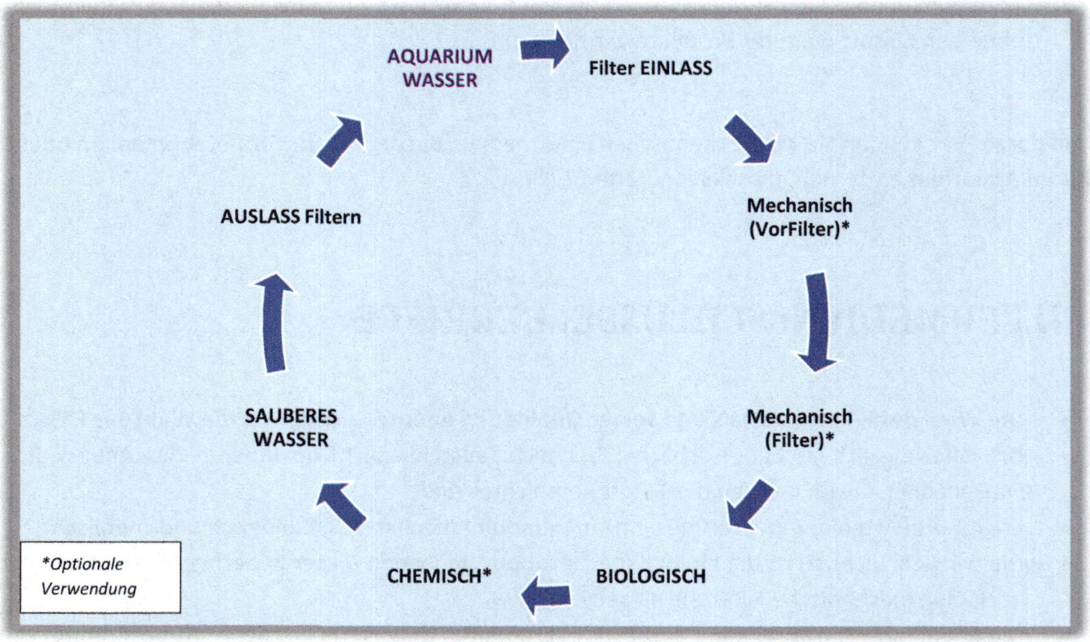

5 WIE MAN DEN FILTER ZUSAMMENBAUT

Wir haben gesehen, wie man die Filtrationsausrüstung auswählt: einen Filter und die erforderlichen Filtermedien. Lassen Sie uns nun 2 praktische Beispiele sehen:

5.1 WIE MAN EINEN EXTERNEN FILTER ZUSAMMENBAUT

Betrachten wir ein Beispiel mit dem "EHEIM Professionel 4 Außenfilter, Modell 350+":

Wie bereits erwähnt, wird dieser Filter mit allen notwendigen Filtermaterialien geliefert. Er enthält auch einige Kugeln, Plastikschläuche oder Spiralen, die eine mechanische Filterfunktion haben und optional sind. Sie können sie beibehalten, es sei denn, Sie planen, dieses Fach für andere Filtermaterialien zu verwenden, in diesem Fall ist es in Ordnung, sie zu entfernen.

Wenn Sie irgendwann eine chemische Filterung benötigen, können Sie diese Röhren oder Kugeln entfernen und diesen Korb für die biologische Filterung verwenden, während Sie den oberen Korb für die chemische Filterung nutzen. Eine andere Möglichkeit wäre, die Röhren zu entfernen und die biologische Filterung mit beiden Fächern zu erhöhen, falls dies für Ihr spezielles Projekt erforderlich ist.

Ein Aspekt, der von einem Außenfilter zum anderen variieren kann, ist der Wasserkreislauf innerhalb des Filters. Nehmen Sie sich ein paar Minuten Zeit, um den Wasserfluss in Ihrem Filter zu verstehen, denn davon hängt ab, wo Sie die Schichten des Filtermaterials platzieren müssen. Wenn Sie einmal verstanden haben, wie dieser Filter funktioniert, werden Sie auch verstehen, wie andere Filter funktionieren.

Der Hauptunterschied zwischen dem Modell 350+ und dem Modell 250+ besteht darin, dass letzteres einen Korb weniger hat. Wie Sie sehen, verfügen diese Filter bereits über die notwendigen Filtermaterialien für den Anfang. Sie können jederzeit einen Teil dieses Materials, insbesondere die Kunststoffkörbe, durch nützlichere Materialien ersetzen.

Zum Vergleich mit dem Eheim haben wir auch den Nicepects-Filter erwähnt, einen Außenfilter der unteren Preisklasse. **Wir haben** zwar **keine direkten Erfahrungen mit diesem Filter**, aber wir stellen Ihnen einige Aspekte vor, die Sie bei der Einrichtung beachten sollten.

Wie richte ich den Nicepets Außenfilter ein?

Er wird ähnlich wie der vorherige Filter zusammengebaut, immer in der Reihenfolge: zuerst mechanische Filtration und dann biologische Filtration. Dieser Filter enthält NICHT das notwendige Filtermaterial. Im Wasserflussdiagramm des Filters **fließt das Wasser aus dem Aquarium zuerst durch den unteren Korb:**

Schritte zum Einrichten des Filters:

1. Entfernen Sie das gesamte Perlon, das mit dem Filter geliefert wird.

2. Kaufen Sie einen Schaumstoffschwamm (mechanisches Material) und schneiden Sie ihn auf die Form des Korbes zu. Ein mittelstarker Schwamm von 2-3 cm Dicke ist ausreichend.
3. Legen Sie ihn in den ersten Korb, durch den das Wasser aus dem Aquarium fließt.
4. Sie können auch einen Vorfilter in der Wasserzulaufleitung zum Filter verwenden, um zu verhindern, dass Garnelen oder kleine Fische aufgenommen werden und um die Wartungsintervalle zu verlängern.
5. Kaufen Sie das biologische Material Ihrer Wahl (jede der drei empfohlenen Marken ist geeignet). Es ist besser, die benötigte Menge leicht zu überschreiten. Wenn Sie zu wenig verwenden, reichern sich Ammonium und Nitrite im Wasser an.
6. Füllen Sie die Körbe bis zur Hälfte ihrer Kapazität oder weniger mit Filtermedien. Wenn Sie einen zusätzlichen Korb für andere Medien haben (und Sie brauchen im Moment nichts hinzuzufügen), können Sie die biologischen Medien auf die 2 Körbe aufteilen oder sie leer lassen.
7. Füllen Sie den Filter mit Aquarienwasser, bevor Sie ihn schließen (ohne ihn zu überlaufen), und nehmen Sie ihn in Betrieb!

5.2 WIE MAN EINEN RUCKSACKFILTER ZUSAMMENBAUT

Betrachten wir ein Beispiel mit dem "Seachem Tidal Backpack Filter":

In der gleichen Reihenfolge wie die Fließrichtung des Wassers: zuerst das mechanische Filtermaterial und dann das biologische Filtermaterial. Sie können sich einen Schwamm mit mittelgroßer Porosität besorgen, ihn auf die Form des Korbes zuschneiden und ihn einlegen. Eine Schwammdicke von 1,5-2 cm reicht in diesem Beispiel aus, und die mechanische Filterung ist bereits enthalten.

Wenn Sie mit dieser Art von Filter nicht die empfohlene Mindestkapazität erreichen, empfehlen wir Ihnen, biologische Filtermedien zu verwenden, mindestens 500 ml pro 100 Liter. Wenn Sie noch Platz haben, können Sie dann eine mechanische Filterung mit einem Schwamm hinzufügen. Unabhängig davon, ob Sie einen Schwamm in den Filter einsetzen oder nicht, können Sie einen Vorfilter verwenden.

Wenn Sie überhaupt KEINE mechanische Filterung verwenden, nicht einmal einen Vorfilter, **können** kleine sichtbare Partikel in der Wassersäule zirkulieren. Dies ist eine Frage der Ästhetik, und Ihr Ökosystem bleibt gesund und ausgeglichen. Wenn Sie in den Urlaub fahren, denken Sie daran, den Vorfilter zu entfernen.

In diesem Fall enthält der Filter auch ALLE notwendigen Filtermaterialien für den Gebrauch: Die Matrix von Seachem. Es wäre kein zusätzliches Material erforderlich.

Für diejenigen Hobbyisten, die neu anfangen und sich für den einfachsten Weg entschieden haben und ein komplettes Aquarienset wie das "Marina Komplett-Aquarienset" gewählt haben, erklären wir, wie man den mitgelieferten Filter einrichtet, was auch für ähnliche Fälle gilt:

Filtration für das "Marina Komplett-Aquarium-Set":

Befolgen Sie NICHT die Anweisungen des Herstellers und verwenden Sie NICHT deren chemische Ersatzfilter, die direkt Giftstoffe aus dem Wasser entfernen und alle 4 Wochen gewechselt werden müssen. Es stimmt zwar, dass Sie keine Pflanzen haben können, aber wenn Sie die Anweisungen des Herstellers befolgen, das Aquarium richtig pflegen und nicht zu viele Fische einsetzen, werden Ihre Fische leben. Aber wenn Sie wirklich ein gesundes und stabiles Ökosystem in Ihrem

Aquarium schaffen wollen, mit weniger Pflegeaufwand und mit der Möglichkeit, Pflanzen zu halten, sind die Schritte sehr ähnlich denen, die Sie bei den anderen Filtern befolgen müssen:

Leeren Sie ALLE Körbe vom ersten Tag an. (Wenn Sie bereits Fische im Aquarium haben, wenn Sie von chemischem auf biologisches Material umstellen, werden sich die Giftstoffe während des ersten Monats ansammeln und Ihre Tiere könnten sterben, so dass Sie in diesem Fall die chemische Filterung auslaufen lassen müssen).

1. Kaufen Sie hochwertiges biologisches Material und verwenden Sie keine mechanische Filterung in diesem Filter (er hat nicht genug Platz).
2. Kaufen Sie nichts anderes! Es ist nicht notwendig.
3. Füllen Sie die Körbe mit dem biologischen Material, das Sie gekauft haben.
4. Das Set enthält einen Vorfilterschwamm für den Wasserzulauf. Verwenden und reinigen Sie ihn alle 3-5 Tage.
5. Wenn Sie in den Urlaub fahren, entfernen Sie einfach den Vorfilter.
6. Das war's! Ihr Filter ist fertig.

5.3 WIE MAN EINEN INTERNEN FILTER ZUSAMMENBAUT

Wenn Sie die beiden vorherigen Abschnitte gelesen haben, gibt es nicht mehr viel hinzuzufügen. Biologisches Material hat Priorität, vor allem, wenn es sich um einen Filter handelt, in dem die Kapazität für das Filtermaterial begrenzt ist. Füllen Sie den Filter mit so viel biologischem Filtermaterial, wie er zulässt, ohne ihn vollständig zu sättigen, um den Wasserfluss nicht zu sehr zu reduzieren. Falls Sie nach der Platzierung des biologischen Filtermaterials (entsprechend den von uns empfohlenen Mengen) mehr Platz haben, können Sie eine erste Barriere aus mechanischem Filtermaterial hinzufügen.

5.4 DIE WICHTIGSTE IDEE ZUM FILTERMATERIAL

Das einzige wesentliche Filtermaterial ist biologisch. Die Hersteller empfehlen in der Regel 500 ml biologisches Filtermaterial pro 200 Liter. Das könnte für Aquarien ohne natürliche Pflanzen zu wenig sein, es sei denn, Sie haben kaum Tiere im Aquarium. Wenn Sie noch keinen Filter haben oder mit dem Gedanken spielen, einen neuen zu kaufen, **kaufen Sie einen Filter mit übergroßer Durchflussmenge und Kapazität**, der Preisunterschied ist nicht so groß und **die beste Art zu sparen ist, dass Sie nicht zweimal das Gleiche kaufen müssen.** ***Verwenden Sie mindestens 500 ml biologische Filterung pro 100 Liter.***

In bestimmten Fällen, wie z.B. bei High-Tech-Aquarien mit Pflanzen oder Low-Tech-Aquarien mit einer großen Anzahl natürlicher Pflanzen, können Sie die Menge des biologischen Filtermaterials reduzieren.

Schließlich sollten Sie in überfüllten Aquarien, Goldfischaquarien, Diskusaquarien oder anderen Aquarien, in denen es eine sehr große Menge an zersetzenden organischen Stoffen und keine Pflanzen gibt, ***mindestens 750-1000 ml biologische Filterung pro 100 Liter verwenden.***

Verwenden Sie hochwertiges biologisches Filtermaterial.

6 AQUARIENBELEUCHTUNG

Auch wenn unser Aquarium nur Fische enthält und nicht bepflanzt ist, ist die Beleuchtung ein Muss. **Die Fische und Tiere in unserem Aquarium müssen zwischen Tag und Nacht unterscheiden können** und feste Tagesabläufe haben. Das bedeutet, dass Sie ihnen **mindestens 7 - 9 Stunden Licht pro Tag geben müssen**, wenn möglich immer zur gleichen Zeit. Dazu empfehlen wir die Verwendung einer Steckdose mit Zeitschaltuhr, wie wir in Kapitel 10 sehen werden.

Wenn Sie **ein Aquarium ohne Pflanzen** haben**, ist die benötigte Lichtmenge minimal** und Sie brauchen nicht mehr als ein System aus Leuchtstoffröhren oder LED-Röhren, das zu Ihrem Budget und den Eigenschaften des Aquariums und vor allem zu Ihrem Geschmack passt, da Sie nichts Spezielleres benötigen. Sie können auch RGB-LED-Leuchten verwenden, um die Farben der Fische hervorzuheben.

Wenn Sie hingegen einige Pflanzen halten möchten, benötigen Sie eine für Ihr Ökosystem geeignete und an die Eigenschaften der Pflanzen, die Sie halten möchten, angepasste Beleuchtung mit einem Minimum an Leistung, Intensität und mit spezifischen Eigenschaften.

Derzeit gibt es viele Beleuchtungsarten, die am häufigsten verwendeten sind Leuchtstoffröhren und LEDs. T-5 oder T-8 Leuchtstoffröhren waren die am häufigsten verwendeten Beleuchtungsarten in Aquarien, werden aber heutzutage fast vollständig durch LEDs ersetzt. Der Nachteil der LED ist, dass sie mehr Wärme erzeugen, einen höheren Energieverbrauch haben und die durchschnittliche Lebensdauer der Röhre viel geringer ist als die der LED.

6.1 ALLGEMEINE TIPPS FÜR DIE BELEUCHTUNG IHRES AQUARIUMS

- Aufgrund ihrer **Langlebigkeit**, ihrer **Kosten**, ihres **Stromverbrauchs** und ihrer nachweislich hervorragenden Ergebnisse sowohl in bepflanzten als auch in unbepflanzten Aquarien **empfehlen wir LED-Lampen.** (Allerdings gibt es einige Experten für Landschaftsgestaltung und bepflanzte Aquarien im Allgemeinen, die weiterhin Leuchtstoffröhren mit ausgezeichneten Ergebnissen verwenden).
- Es gibt LED-Lampen, die mehrere Farben kombinieren (in der Regel rot, grün, blau und weiß; RGBW), die es erlauben, sie individuell zu regulieren und die Farben der Fische und der Dekoration hervorzuheben.
- **Die Lichtintensität** muss für die Pflanzen im Aquarium **angemessen** sein. Denken Sie daran, dass bei viel Licht und wenigen oder gar keinen Pflanzen, die diese Ressource nutzen, es die Algen sind, die das Licht zum Wachsen nutzen können.
- **Das** Lichtspektrum, das von Pflanzen (insbesondere von Pflanzen mit geringen und mittleren Ansprüchen) am häufigsten genutzt wird, ist **blau und rot.** Wenn Sie eine Leuchte mit roten, grünen und blauen LEDs kaufen und in einem hypothetischen Fall nur das grüne Licht einschalten, wird dieses Licht

von den Pflanzen kaum für die Photosynthese genutzt (deshalb sind Pflanzen grün, sie reflektieren die Wellenlänge dieser Farbe). Andererseits gibt es Algen, die diese Farbe nutzen können, um sich zu vermehren.

- Wenn Ihre Lampe ein **weißes** LED-Licht ist, sind wir an einer **Farbtemperatur zwischen 6500 K und 7500 K (kaltes Licht)** interessiert. Dies ist besser für Pflanzen. Je niedriger die Farbtemperatur, desto mehr gelbes Licht und je höher die Temperatur, desto blauer.
- Außerdem wäre es ratsam, die natürlichen Bedingungen der Regionen zu respektieren, aus denen die Fische und Pflanzen stammen. Schlecht regulierte oder angepasste Beleuchtung führt zu Katastrophen. Die maximale Beleuchtungsdauer sollte **12-14 Stunden** betragen, was den Tageslichtstunden eines **tropischen Tages entspricht.**
- Sie können die Beleuchtungszeiten auch **auf den Abend** verlegen, wenn dies die Tageszeit ist, in der Sie am meisten Zeit zu Hause verbringen.

Wir helfen Ihnen bei der Auswahl Ihrer Lampe, indem wir Ihnen drei verschiedene Optionen anbieten, je nach dem Projekt, das Ihnen vorschwebt:

1. Sie haben ein Aquarium-Set gekauft, das bereits mit einer Lampe ausgestattet ist.
2. Sie werden ein Aquarium ohne Pflanzen einrichten.
3. Sie werden ein Aquarium mit geringer bis mittlerer Technik einrichten, das geringe bis mittlere Anforderungen an die Pflanzen stellt, und Sie wollen eine angemessene Beleuchtung. Später, in Kapitel 12, werden wir sehen, was diese Begriffe bedeuten und mehr über Pflanzen sprechen.

Es gibt eine 4. Möglichkeit, auf die wir in diesem Buch nicht speziell eingehen werden, nämlich die Einrichtung eines High-Tech-Aquariums mit Pflanzen, die hohen Ansprüchen genügen, und mit entsprechender Beleuchtung. In "Mejor Acuario" sind wir der Meinung, dass Low-Tech-Aquarien für jedermann besser geeignet sind, da sie natürlicher und selbstversorgender sind.

Lassen Sie uns sehen, welche Beleuchtung Sie in Ihrem speziellen Fall benötigen:

6.2 WAS IST DIE IDEALE LAMPE FÜR IHR PROJEKT?

1. OPTION: SIE HABEN EIN AQUARIENSET INKLUSIVE LAMPE GEKAUFT

Sie haben sie bereits, Sie brauchen keine weitere Lampe! Wenn das bei Ihnen der Fall ist, haben Sie eine gute und einfache Wahl getroffen. Folgen Sie diesem Weg. **Sie können ein Aquarium ohne Pflanzen oder mit Pflanzen mit geringen Ansprüchen einrichten**, da die in diesen Sets enthaltenen Lampen in der Regel eine geringe Wattzahl haben. Wenn Sie daran interessiert sind, Pflanzen zu haben, die anspruchsvoller sind, können Sie die dritte Option lesen. In diesem Fall müssen Sie nur den Deckel und die Lampe, die mit Ihrem Aquarium geliefert wurden, entfernen und eine neue Lampe anbringen, indem Sie den Empfehlungen folgen, die wir Ihnen geben werden.

2. OPTION: SIE BRAUCHEN EINE LAMPE UND SIE WERDEN KEINE PFLANZEN HABEN

Folgen Sie unseren allgemeinen Ratschlägen zur Beleuchtung und kaufen Sie auf dieser Grundlage die Lampe, die Ihnen am besten gefällt, mit LEDs in den von Ihnen gewünschten Farben und die am besten zu Ihrem Budget und Ihrem Aquarium passt. Je geringer die Lichtintensität, desto unwahrscheinlicher ist es, dass Algen das Aquarium besiedeln (obwohl es noch andere wichtige Faktoren gibt). **Wir empfehlen weniger als 30 Lumen pro Liter Wasser.** Das heißt, wenn Ihr Aquarium 100 Liter fasst, ist eine Lampe mit etwa 2000 Lumen ausreichend. Vergessen Sie nicht, dass Ihre Fische zwischen Tag und Nacht unterscheiden müssen. Legen Sie einen Licht- und Dunkelheitsplan fest. Zwischen 7-9 Stunden Licht pro Tag sind ausreichend.

3. OPTION: EINE LAMPE FÜR PFLANZEN MIT GERINGEN/MITTLEREN ANFORDERUNGEN

Wählen Sie eine Lampe mit 25-60 Lumen pro Liter. Sie muss 7-9 Stunden pro Tag eingeschaltet sein. Wenn Sie z.B. ein 100-Liter-Aquarium haben, brauchen Sie eine Lampe, die zur Länge Ihres Aquariums passt und mindestens 2500 Lumen hat. Je näher an 6000 Lumen, desto besser wachsen die Pflanzen und desto größer ist die Vielfalt, die Sie (unter guten Bedingungen) haben können.

In Kapitel 12 werden wir mehr über Pflanzen in Aquarien sprechen und darüber, welche Lichtintensität Sie je nach der Art der Pflanzen benötigen.

Unsere Empfehlung für ein bepflanztes Aquarium mit geringer bis mittlerer Technik

Unsere Preis-Leistungs-Empfehlung für eine weiße LED-Leuchte von Chihiro's Aquatic Studio aus der A-Serie oder der A-Plus-Serie. Um die beste Intensität für Ihre Bedürfnisse zu ermitteln, **sollten Sie vor dem Kauf den Abschnitt lesen, in dem wir in Kapitel 12 über Pflanzen sprechen.** Um Ihnen eine Vorstellung zu geben: Für 45 Euro können Sie bei **AliExpress** eine Lampe mit 4500 Lumen und 27 W kaufen, wobei es eine große Auswahl an Größen und Preisen gibt.

Es gibt Lampen für bepflanzte Aquarien, die farbige LEDs und weiße LEDs kombinieren. Sie sind das Neueste auf dem Markt und eine gute Wahl für Pflanzen mit hohem Dünger-, Licht- und CO2-Bedarf. Sie können auch eine ausgezeichnete Wahl für Aquarien mit geringer oder mittlerer Technik sein. Sie heben die Farben der Fische hervor, sind aber auch teurer.

Wenn Sie mehr investieren können und eine höherwertige Lampe wünschen, gibt es innerhalb der Marke **Chihiro's Aquatic Studio die WRGB-Serie**, bei der farbige LEDs (blau, rot, grün) und weiße LEDs kombiniert werden. Zum Zeitpunkt des Verfassens dieses Artikels ist sie in Bezug auf das Preis-Leistungs-Verhältnis von anderen Marken nur schwer zu schlagen, aber es gibt viele andere Marken auf dem Markt, die eine gute Wahl sein können.

Das läuft ja gut!

Wir haben bereits die drei wichtigsten Elemente behandelt, die Sie für die Einrichtung Ihres Aquariums benötigen. Sie müssen noch keine Entscheidung darüber treffen, was jedes einzelne davon sein soll. Das werden Sie tun können, wenn Sie das Buch zu Ende gelesen haben.

7 DAS SUBSTRAT: KIESE, SANDE UND NÄHRSTOFFREICHE SUBSTRATE

Das Substrat spielt eine wichtige Rolle für die Dekoration. Außerdem werden mikroskopisch kleine Organismen und die Wurzeln unserer Pflanzen darin leben.

Es gibt eine große Auswahl an Substraten auf dem Markt. **Einige sind inert**: Sie **interagieren nicht mit den Wasserparametern und** sind für fast jede Art von Projekt geeignet**, während andere spezifische Merkmale und Eigenschaften haben:** spezifisch für Pflanzen, für Garnelenbecken, um den pH-Wert des Wassers zu erhöhen oder zu senken, und so weiter.

Inerte Substrate sind das, was wir in der Regel empfehlen. Sie sind am vielseitigsten, wirtschaftlich, erfordern wenig Pflege und Wartung und können für fast alle Arten von Projekten verwendet werden. Diejenigen von uns, die dieses Hobby schon seit Jahren betreiben, verwenden sie weiterhin für alle Arten von Projekten. **Allerdings ist es auch möglich, "selbstgemachte" Nährsubstrate zu verwenden, mit allen Vor- und Nachteilen, die dies mit sich bringt.**

Wir haben bereits die ganze Arbeit für Sie erledigt und erklären Ihnen in einfacher und zusammengefasster Form alles, was Sie wissen müssen, um Aquarien für fast alle Arten von Fischen, Pflanzen (sowohl Low-Tech als auch High-Tech), "Neocarid-Garnelen", andere wirbellose Tiere, kleine Amphibien usw. einzurichten.

Unter den inerten Substraten, die wir besprechen werden - Kiese und Sande - gibt es eine große Auswahl an Farben, so dass Sie die Farbe wählen können, die Ihnen am besten gefällt.

Was die Markenempfehlungen für Sande und Kiese betrifft, so gibt es viele Marken und viele Arten von Sanden, die alle gleichermaßen gültig sind. Wir werden Ihnen einige spezifische Empfehlungen geben, aber das Ziel ist, dass Sie in der Lage sind, selbst zu wählen.

7.1 ALLGEMEINE MERKMALE EINES GUTEN SUBSTRATS

1. **Korngröße.** Ein Substrat mit einer mittleren Körnung, zwischen 1 und 5 Millimeter dick, lässt das Aquarienwasser hindurchfließen, versorgt die Wurzeln mit Sauerstoff und Nährstoffen (falls Sie Pflanzen haben) und verhindert die Ansammlung anaerober Bakterien. Langfristig und ohne richtige Pflege könnten sie Giftstoffe ins Wasser abgeben.
2. **Form der Körner.** Wir bevorzugen ein Substrat mit abgerundeten Körnern. Vermeiden Sie die Verwendung von Substraten für Aquarienpflanzen, deren Partikel scharfe Kanten haben (dies könnte auch die Fische verletzen).

3. **Porosität.** Wenn das Substrat außerdem eine hohe Porosität aufweist, kann es mehr Bakterien beherbergen, die bei der Wasserfilterung helfen.
4. **Die Zusammensetzung sollte NICHT kalkhaltig sein**. Kalkhaltige Substrate (wie z.B. bestimmte Sande, die aus den Überresten von Muscheln, Korallen oder anderen kalkhaltigen Meeresstrukturen bestehen) erhöhen den GH-Wert und den pH-Wert des Aquarienwassers und erschweren es den Pflanzen, CO2 und Nährstoffe aufzunehmen. Außerdem kann es sein, dass durch die Veränderung der Wasserparameter das Wasser nicht mehr ideal für Ihre Fische ist. Natürlich gibt es bestimmte Ökosysteme (wie z.B. ein amerikanisches Buntbarschbiotop), in denen ein Substrat, das GH und pH-Wert erhöht, von Vorteil sein kann, aber für den allgemeinen Gebrauch wird es nicht empfohlen.
5. **Wenn Sie Pflanzen haben wollen** und gerade erst anfangen, ist es ratsam, einen inerten Kies oder ein Substrat zu verwenden, das einen Nährstoffaustausch ermöglicht. Eine andere Möglichkeit, die wir später noch sehen werden, ist die Verwendung eines gewöhnlichen Gartensubstrats, eines Universalsubstrats, wie es auch für Landpflanzen verwendet wird, und das Sie mit einer 2-3 cm dicken Kiesschicht bedecken. Dies birgt ein Risiko, aber es ist nicht so groß, wie wir vielleicht a priori denken.

7.2 EMPFEHLUNGEN FÜR IHR SPEZIELLES PROJEKT

Wir bieten drei Optionen an, aus denen Sie diejenige auswählen können, die Ihnen am besten gefällt:

- Eine für Aquarien ohne Pflanzen, mit wenigen Pflanzen **oder** wenn wir nicht bereit sind, viel Geld zu investieren **oder** es so einfach wie möglich machen wollen.
- Ein weiteres für Aquarien mit Pflanzen, egal ob es sich um Pflanzen mit geringen Ansprüchen oder um Pflanzen mit hohen Ansprüchen handelt **und** Sie bereit sind, eine größere wirtschaftliche Investition zu tätigen.
- Und schließlich eine weitere Option für Aquarien mit Pflanzen mit geringen **oder** hohen Ansprüchen, die wirtschaftlich ist, aber ein höheres Risiko mit sich bringen kann.

Alle drei Optionen sind mit allen Arten von Fischen und wirbellosen Tieren kompatibel.

UNBEPFLANZT, MIT WENIGEN PFLANZEN ODER GERINGEN WIRTSCHAFTLICHEN INVESTITIONEN

Verwenden Sie ein preiswertes **inertes Substrat**, das es von allen Marken und zu allen Preisen gibt. Um Ihnen eine Vorstellung zu geben, liegen die durchschnittlichen Kosten bei etwa 10 Euro pro 100 Liter Aquarium. Wir geben Ihnen auch eine Option an die Hand, die wir in Spanien und wahrscheinlich auch in anderen Ländern haben (wenn Sie ein wenig suchen), mit der Sie für nur 5 Euro Substrat in Aquarien bis zu 300 Litern oder mehr einsetzen können.

Inerte Substrate sind solche, die nicht mit dem Aquarienwasser interagieren und daher die Parameter pH, GH usw. nicht verändern. **Es ist ganz einfach: Es gibt 2 Arten, Kies und Sand,** die in der Regel aus Kieselsäure bestehen (auch Quarz, was dasselbe ist).

A. AQUARIENKIES

Die erste Option, die wir Ihnen anbieten, ist mittelgroßer Aquarienkies (1-5mm), der Ihnen am besten gefällt. Aquarienkies ist ein inertes Substrat. Er ist in verschiedenen Korngrößen erhältlich. **Wir empfehlen eine mittlere Größe**

zwischen 1 und 5 mm, die eine gute Wasserzirkulation und eine einfache Reinigung ermöglicht: Wenn wir Pflanzen haben, ermöglichen sie eine gute Wasserströmung zwischen den Lücken zwischen den Körnern, was den Sauerstoffaustausch und die Zufuhr von Nährstoffen aus der Wassersäule erleichtert und eine Stagnation und das Auftreten von Giftstoffen, die für die Pflanzen schädlich sind, verhindert.

Wenn es sich um ein bepflanztes Aquarium handelt, beginnen Sie mit einer Schicht von etwa 2-3 Zentimetern im vorderen Bereich **und** erhöhen die Schichtdicke schrittweise auf etwa 4-5 Zentimeter im hinteren Bereich.

Wenn Sie keine Pflanzen einsetzen wollen. Die Dicke der Kiesschicht ist nicht so wichtig. Dekorieren Sie, wie Sie möchten. Eine vordere Schicht von etwa 1-3 cm, die nach und nach auf 3-5 cm ansteigt, verleiht dem Aquarium ein Gefühl von Tiefe. Lassen Sie den Kies vorsichtig auf dem Boden liegen, um das Glas nicht zu zerkratzen.

Die gebräuchlichsten Kiese auf dem Markt bestehen aus Kieselerde. Vergewissern Sie sich, dass der Hersteller auf dem Produkt angibt, dass es sich um einen inerten Kies handelt und dass er für Aquarien geeignet ist. Sie können die Farbe wählen, die Sie wünschen.

"Weißer Quarzkies"

"Schwarzer Keramik-Quarzkies "

B. DIE SÄNDE

Eine weitere Option für ein inertes Substrat sind Quarzsande, die **inerte Substrate mit kleinerer Korngröße sind.** Wie Kies können sie weiß oder in einer anderen Farbe sein. Aquariensand hat eine Dicke von <0,5 bis 1-2 mm.

<u>Preis-Qualitäts-Empfehlungen für Sande in Spanien:</u>

- **Wenn Sie einen feinen Sand suchen**: "Fine silica aquarium sand" von Verdecora.es. Wenn Sie in einem anderen Land leben, finden Sie bei Google sicher andere, gleichwertige oder bessere Optionen.
- **Wenn Sie einen Sand mit einer etwas größeren Dicke suchen, etwa 0,7 mm**: in Spanien können Sie "*Sand AXTON de 25 kg*" für 5 Euro bei Leroy Merlin kaufen.

Letzterer wird für Poolfilter verwendet, aber viele Kollegen haben ihn bereits in ihren Aquarien getestet, sie haben das Wasser getestet, er ist inert und die Fische leben problemlos darin. **Verwenden Sie nicht einfach irgendeinen Quarzsand, den Sie auf dem Markt finden.** Wenn Sie diese Marke nicht bekommen können. Fragen Sie in Ihren Aquariengruppen nach, googeln Sie danach und schauen Sie sich andere Ratgeber im Internet an, Sie werden Möglichkeiten finden, die genauso gut sind wie diese!

Denken Sie daran, dass Sand eine Herausforderung darstellt: Je kleiner die Korngröße des Sandes ist, desto kompakter wird er, was zu einer schlechten Wasserzirkulation ***und damit*** zu Stagnation führt. Dies führt zu anaeroben Bedingungen im Substrat (kein Sauerstoff) und zur Produktion und möglichen Freisetzung von Giftstoffen. Außerdem können sie innerhalb weniger Wochen ein schmutziges Aussehen annehmen und das Auftreten von Algen auf ihrer Oberfläche begünstigen. **All dies lässt sich mit einer ordnungsgemäßen wöchentlichen Pflege beheben,** die sich wie folgt zusammenfassen lässt: **wöchentliches Absaugen**, Säubern von Resten organischer Stoffe und Entfernen und Anheben des verdichteten Sandes vom Boden an die Oberfläche (obwohl dies **mehr Zeit in Anspruch** nimmt).

Denken Sie auch daran, dass **Quarzsand NICHT optimal für die Pflege von Pflanzen** im Aquarium **ist**, insbesondere wegen dieser Probleme mit der Wasserzirkulation und der Ansammlung von Giftstoffen.

BEPFLANZTE AQUARIEN, MIT GRÖßEREN WIRTSCHAFTLICHEN INVESTITIONEN

"Beispiel für ein bepflanztes Aquarium mit JBL Manado"

Wir schlagen eine Zwischenlösung zwischen inerten und nährstoffreichen Substraten vor. Mit dieser Option können Sie **ein bepflanztes Aquarium mit jeder Art von Pflanzen einrichten, unabhängig davon, ob sie geringe oder hohe Anforderungen haben**. Das Substrat ist reich an Mikronährstoffen und gibt keine Makronährstoffe wie Nitrat und Phosphat an die Wassersäule ab. Außerdem ist es mit einer nicht inerten Schicht bedeckt, die Nitrat und Phosphat aus dem Wasser auffängt und sie für die Pflanzenwurzeln verfügbar macht.

Bei "Mejor Acuario" empfehlen wir dieses Substrat seit Jahren aufgrund seiner hervorragenden Ergebnisse. Dieses Substrat besteht aus drei Schichten. Die unterste Schicht besteht aus kleinem Vulkangestein, in dem Pflanzen Wurzeln schlagen können. Darauf legen wir eine Schicht JBL Aquabasis, die mit Mikronährstoffen angereichert ist. Schließlich fügen wir eine oberste Schicht JBL Manado hinzu.

Für ein Aquarium mit einem Volumen von etwa 100 Litern könnte die Kombination dieser drei Substratschichten etwa 50 Euro kosten. Die Kosten verdoppeln sich ungefähr mit dem Volumen des Aquariums.

Dieser Bodengrund ist für fast alle Fischarten und andere Tiere geeignet, die Sie in Ihr Aquarium setzen möchten. Wenn Sie jedoch empfindliche wirbellose Tiere wie Neocaridinae halten möchten, müssen Sie bei bestimmten Metallen Vorsicht walten lassen. Um Probleme zu vermeiden, stellen Sie sicher, dass das Aquabasis mit einer guten Schicht Manado gemäß unseren Empfehlungen gut abgedichtet ist (die Richtlinien des Herstellers sind noch strenger). Vermeiden Sie außerdem, die Aquabasis-Schicht zu stören, damit sie nicht in die Wassersäule gelangt.

A. JBL MANADO

JBL Manado ist eines der weltweit am häufigsten verwendeten Substrate für Süßwasseraquarien. Es hat sich seit vielen Jahren erfolgreich bewährt. Es kann allein oder zusammen mit **JBL Aquabasis** verwendet werden. Manado, ein Tonsubstrat, ist nicht mit Nährstoffen angereichert, sondern nimmt diese mit der Zeit auf natürliche Weise aus der Wassersäule auf. Wie alle Tonsubstrate absorbiert es Stickstoff, Phosphor, Kalium, Karbonate und andere Mikronährstoffe. Die Absorptionsrate hängt von Faktoren wie der Nährstoffkonzentration des Wassers ab, die aus der natürlichen Zersetzung organischer Stoffe oder aus von uns zugeführten Düngemitteln stammen kann.

<u>So bereiten Sie Manado zu:</u>

Der erste Schritt besteht darin, das Substrat zu waschen. Der Hersteller weist darauf hin, dass JBL Manado Kalziumkarbonat an das Wasser abgeben kann. Das Waschen mit heißem Wasser (kochen ist nicht notwendig) ist entscheidend, um einen Anstieg von pH, GH und KH zu verhindern. In der Gebrauchsanweisung des Produkts ist dies deutlich angegeben.

Abhängig von Ihrem Standort müssen Sie diesen Parameter möglicherweise anpassen oder auch nicht. Wenn Sie dieses Substrat in sehr weichem Wasser (mit niedrigem GH-Wert und niedrigem ppm-Wert) verwenden, ist das Waschen möglicherweise nicht notwendig. *In Kapitel 9 werden wir uns mit hartem und weichem Wasser und der Aufbereitung von Aquarienwasser befassen.*

Eigenschaften des JBL Manado

- **Braune oder schwarze Farbe**.
- **Lehmige Textur**.
- Die Granulatgröße reicht von **0,5 mm bis 2 mm**.
- **Nährstofffreies** Substrat.
- Geeignet für **Fische, Garnelen und andere wirbellose Tiere, Amphibien, etc.**
- Dank der glatten Kanten ideal für **Fische, die sich am Boden aufhalten**.
- **Langlebig,** mindestens zwei Jahre. Im Laufe der Zeit zersetzen sich die Körner und bilden Schlamm, was dem Nachteil von verdichteten Substraten wie Sanden ähnelt. Einige Aquarianer haben ihre Pflanzen und Aquarien mit diesem Substrat bis zu 9 Jahre lang erfolgreich gepflegt.

Vor- und Nachteile des JBL Manado

VORTEILE

- **Verändert die langfristigen Wasserparameter nicht** wesentlich.
- **Absorbiert und akkumuliert Nährstoffe und** erleichtert die Assimilation der Pflanzen durch ihre Wurzeln.
- **Ermöglicht** aufgrund seiner Granulatgröße **eine gute Wasserzirkulation**.
- **Erleichtert die Bewurzelung der Pflanzen.**
- **Behält seine Integrität** im Laufe der Zeit bei.

NACHTEILE

- **Kein nährstoffreiches Substrat.**
- **Erfordert eine anfängliche Sättigung, was** zu einem schnellen Absinken der Nitrat- und Phosphatkonzentration führt (insbesondere bei der Zugabe von Dünger) und in den ersten 2-4 Wochen erhöhte Aufmerksamkeit erfordert.
- **Weniger wirtschaftlich im Vergleich zu Kiesen und Sanden.**
- **Anfänglich schwimmen einige Körner aufgrund ihrer geringen Dichte auf, was** die Aussaat erschwert.

So sättigen Sie JBL Manado (in hochtechnisch gedüngten Aquarien)

So sättigen Sie JBL Manado (in High-Tech gedüngten Aquarien): Das Substrat absorbiert die Nährstoffe aus dem Wasser **und reduziert den Nitrat- und Phosphatgehalt** im Wasser. In den ersten zwei Wochen werden fast alle gedüngten Nährstoffe durch das Substrat "gebunden". Um das Substrat zu sättigen, berücksichtigen wir in erster Linie die Nitrat- und Phosphatwerte. Wenn wir beispielsweise 1 mg/l Phosphat in das Aquarium geben und innerhalb von 24 Stunden 0,5 mg/l verschwinden, deutet dies auf einen raschen Rückgang hin, insbesondere in der Anfangsphase, wenn sich die Pflanzen noch nicht entwickelt haben. Das Substrat absorbiert das Phosphat. Wir testen dann die Nitrat- und Phosphatwerte und düngen, um 1 mg/l Phosphat und 10 mg/l Nitrat zu erreichen.

Wenn das Substrat keine Nährstoffe mehr aufnimmt, gilt es als gesättigt. Achten Sie darauf, einen Rebound-Effekt zu vermeiden, indem Sie nicht überdüngen, sobald der Sättigungspunkt erreicht ist.

Wir glauben, dass dieses Substrat eine ausgezeichnete Option für den Einstieg in bepflanzte Aquarien ist. Damit können wir lernen, wie man düngt, bevor wir uns an nährstoffreiche Substrate wagen. Auch nach jahrelanger Erfahrung verwenden wir es weiterhin.

Wie Sie JBL Manado kombinieren

Wir zeigen Ihnen, **wie Sie JBL Manado mit zwei anderen Substraten kombinieren können: Aquabasis** und **vulkanisches Gestein** wie JBL Volcano Mineral (es gibt ähnliche Substrate mit kostengünstigen Ergebnissen).

B. JBL AQUABASIS PLUS

JBL Aquabasis wird unter den Manado gelegt. Es ist ein natürlicher Ton, der eine nährstoffreiche Unterstützung mit Mikronährstoffen bietet und Nährstoffe an das Substrat und die Pflanzenwurzeln abgibt. Er gehört zu den am häufigsten verwendeten Substraten für bepflanzte Aquarien und liefert fast alle notwendigen **Mikroelemente und Spurenelemente. Allerdings fehlt es ihm an Nitraten, Phosphaten oder Kalium, so dass Sie** entsprechend düngen **müssen**, besonders in High-Tech-Aquarien oder wenn Sie Kalium in Ihrem Low-Medium-Tech-Aquarium anreichern möchten.

Wenn Sie dieses Nährsubstrat verwenden, positionieren Sie es **immer** unter dem Manado und bedecken Sie es vollständig mit mindestens 3 cm Manado, um die Abgabe von Mikronährstoffen zu verhindern. **Aquabasis wäscht sich nicht aus und seine Schicht sollte nicht mit der Manado-Schicht vermischt werden.**

C. VULKANISCHES GESTEIN

JBL Volcano Mineral, ein Substrat aus Vulkangestein, dient als Basissubstrat für die oben genannten. Es **fördert die Wasserzirkulation** und verbessert die Durchwurzelung der Pflanzen.

Wir empfehlen Ihnen, sich nach einem ähnlichen Substrat wie JBL Volcano umzusehen, aber zu einem niedrigeren Preis. Abhängig von Ihrem Standort haben Sie verschiedene Optionen zur Verfügung. **Halten Sie Ausschau nach Substraten mit einer Größe von etwa 5 bis 10 mm, ähnlich dem auf dem Bild gezeigten.**

D. ABSCHLIESSENDE SUBSTRATEN-ANORDNUNG

Wir haben ein dreischichtiges Substrat empfohlen, aber das ist nicht die einzige Option. Hier finden Sie verschiedene Kombinationen dieser drei Substrate, die Sie je nach Ihrem Budget und Ihren persönlichen Vorlieben auswählen können.

OPTION 1: Dreischicht-Substrat, besonders empfohlen für stark bepflanzte Aquarien, sowohl für Low- als auch für High-Tech-Aquarien. Die Zahlen auf dem Bild stimmen möglicherweise nicht mit unseren überein, da wir der Meinung sind, dass die Verwendung von übermäßigem Substrat nicht notwendig und ästhetisch nicht ansprechend ist.

1. **Eine 1,5 - 2 cm dicke Schicht aus vulkanischem Kies (nicht auf dem Bild).**
2. **Darüber eine 2-4 cm dicke Schicht JBL Aquabasis**
3. **Schließlich eine 4-5 cm dicke Schicht JBL Manado.**

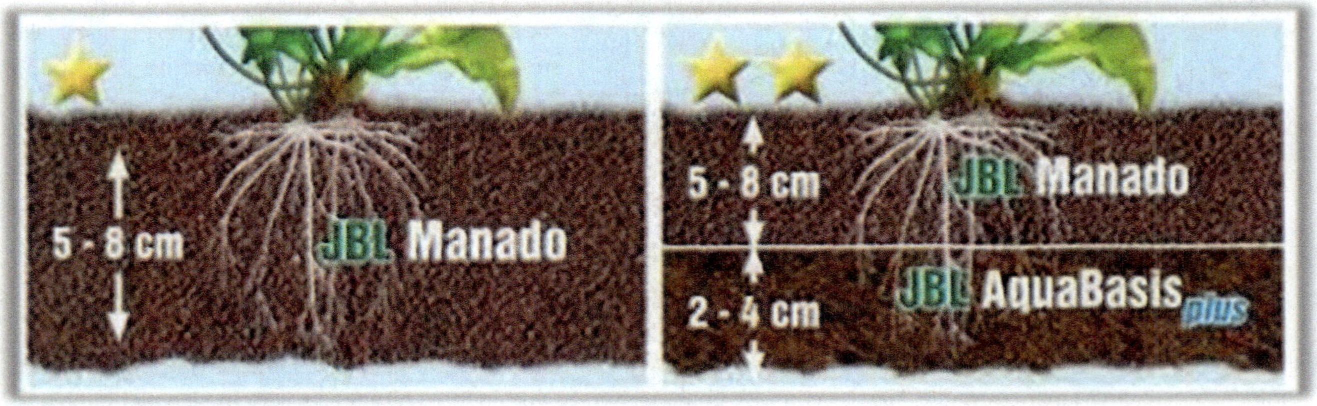

OPTION 2: Budgetfreundlicher und aus ästhetischen Gründen für Aquarien mit geringerer Höhe zu empfehlen.

Eine einzelne 4-6 cm dicke Schicht JBL Manado.

OPTION 3: Ein kostengünstigerer Ansatz als die Kombination der drei Schichten, der die Durchwurzelung der Pflanzen verbessert.

1. **Eine Schicht von 1,5 - 2 cm vulkanischem Kies**
2. **Schließlich eine 4-6 cm dicke Schicht JBL Manado.**

BEPFLANZTE AQUARIEN, WIRTSCHAFTLICH, ABER MIT HÖHEREN RISIKEN

Eine andere Möglichkeit ist die **Verwendung eines Standard-Gartensubstrats,** ähnlich dem, das für terrestrische Pflanzen verwendet wird. Dies birgt zwar ein gewisses Risiko, aber es ist nicht so groß, wie viele Aquarianer zunächst annehmen.

Es ist wahrscheinlich, dass **die** Verwendung von **Kies** oder Sand in Aquarien und der Versuch, sie zu **bepflanzen, nicht zu den gewünschten Ergebnissen führt**. Die Pflanzen können ein verkümmertes Wachstum aufweisen und müssen ständig abgesaugt werden, um die Freisetzung von Giftstoffen zu verhindern.

Daher ist dies eine der möglichen Lösungen, die wir im Folgenden erläutern werden.

A. ALLGEMEINE ÜBERLEGUNGEN

1. Ein **optimaler** pH-Wert für das Substrat läge **bei 6,6.**
2. **Turbulenzen in kürzlich überfluteten terrestrischen Böden: Die** chemische und biologische Instabilität dieser Substrate während der **ersten 2 Monate** ist gut dokumentiert. Verschiedene Substrateigenschaften können diese Instabilität beeinflussen, aber bestimmte Ereignisse laufen immer wieder ab. Die Sauerstoffzufuhr wird schnell unterbrochen und rasch von Bakterien und Substratchemikalien aufgezehrt. Insbesondere bauen die Bakterien schließlich unter anaeroben Bedingungen organisches Material im Sediment ab und setzen dabei Ammonium, Schwefelwasserstoff und organische Säuren (Essigsäure, Ameisensäure usw.) aus dem Substrat in das Wasser frei.
3. **Wie können wir das Sterben unserer Fische durch die Freisetzung giftiger Substanzen aus dem Substrat verhindern? In den ersten Tagen und Wochen** müssen wir **Vorsicht walten lassen,** da es zu einer anfänglichen Freisetzung von Ammonium, Metallen und mehr kommen kann. Dies könnte für die Fische oder andere Lebewesen tödlich sein. Daher ist es **ratsam, das gesamte Wasser im Aquarium mindestens einmal komplett zu ersetzen, bevor Sie die Fische einsetzen.** Sie können auch einen EDTA-haltigen Wasseraufbereiter einbringen. Wenn der Verdacht besteht, dass das Substrat Pestizide enthalten könnte, können Sie in den ersten Wochen Aktivkohle in den Filter geben. Nach und nach, innerhalb der ersten 2 Monate, sollte Ihr Substrat Stabilität erreichen.
4. **Sie können die Pflanzen in den ersten Tagen oder Wochen einsetzen.** Außerdem geben die Wurzeln der Pflanzen Sauerstoff an ihre Umgebung ab und versorgen das Substrat mit Sauerstoff.
5. **Die Sauerstoffversorgung der Pflanzenwurzeln** und der Umgebung **kommt den Pflanzen** in dreifacher Hinsicht **zugute**: Erstens benötigen die Wurzeln Sauerstoff für ihr Wachstum, ihre Ernährung und ihre Nährstoffaufnahme. Zweitens wirkt er den Toxinen im Substrat entgegen. Und schließlich kann sie die aerobe Umgebung schaffen, die für symbiotische Pilze erforderlich ist, die die Nährstoffaufnahme der Pflanzen verbessern können.

B. AUSWAHL EINES SUBSTRATS

Sowohl Topfsubstrat als auch Gartensubstrat können verwendet werden, aber es ist nicht ratsam, sie zu mischen. Generell scheint es, als würden in Topfsubstraten weniger Algen wachsen, aber in Aquarien mit weichem Wasser (GH <6-8) ist es möglicherweise nicht ideal. In solchen Fällen könnte eine regelmäßige Düngung mit "Hartwasser-Nährstoffen" (Ca, Mg, K) erforderlich sein. Für Weichwasseraquarien könnte die Verwendung von Gartensubstrat besser geeignet sein.

Verschiedene Substrate haben sich als wirksam erwiesen. Jede Blumenerde aus dem Fachhandel reicht aus - die gleiche, die Sie für Topfpflanzen verwenden (wenn Sie eine haben), ist eine Option. Es ist ratsam, Tonsubstrate aus Küstenregionen in der Nähe von Brackwasser zu vermeiden. Auch Substrate von Markenherstellern, die kleine, auf der Oberfläche schwimmende Styroporkugeln enthalten, sollten vermieden werden (obwohl sie in diesem Fall vor dem Befüllen des Aquariums entfernt werden können). Ein idealer pH-Wert für das Substrat wäre etwa 6,6 (ein neutraler pH-Wert).

C. EINRICHTEN EINES AQUARIUMS MIT TERRESTRISCHEM SUBSTRAT?

Es gibt viele Möglichkeiten, aber die vielleicht einfachste ist die folgende:

1. **Beginnen Sie mit einer 2-3 cm dicken Schicht Nährsubstrat am Boden des Beckens.**
2. **Bedecken Sie es mit 2,5-3 cm inertem Kies mit einer Korngröße von 1 bis 4 mm.** Das Nährsubstrat sollte NICHT ausgespült werden.
3. Geben Sie Wasser hinzu, so dass es etwa 8 cm über dem Substrat steht. Sie können mit der Bepflanzung beginnen.
4. Lassen Sie das trübe Wasser ab und füllen Sie das Aquarium mit sauberem Wasser auf.
5. Von diesem Zeitpunkt an können alle Komponenten aktiviert werden (Wassererhitzer, Filter und Beleuchtung).
6. Am nächsten Tag können Sie einen Wasseraufbereiter hinzufügen. Jede anfängliche Trübung sollte sich innerhalb von 1 oder 2 Tagen auflösen.
7. Nach 4-6 Wochen können Sie mit dem Einsetzen der ersten Fische beginnen. Denken Sie daran, zumindest einen Teilwasserwechsel durchzuführen, bevor Sie die ersten Tiere ins Aquarium setzen.

"Herstellung eines selbstgemachten Aquariensubstrats mit gewöhnlichem Substrat"

Wir raten **davon ab,** Substrate **mit anorganischen Düngemitteln zu versetzen**, da diese in untergetauchten Substraten leicht giftig werden können. In bepflanzten Aquarien dient das Fischfutter als Dünger.

D. ZERSETZT SICH DAS SUBSTRAT MIT DER ZEIT?

Substrate ohne Pflanzenwurzeln und ohne Kiesfilterung zersetzen sich mit der Zeit. Sie sammeln organische Stoffe an, werden anaerob und setzen Giftstoffe frei, die für unsere Tiere tödlich sein können. Nährstoffreiche und bepflanzte Substrate können über einen längeren Zeitraum ohne Kiespflege (z.B. Staubsaugen) recht gut überleben.

Die Lebensdauer des Substrats hängt von verschiedenen Faktoren ab, **unter anderem von der CO2-Zufuhr**. In einem High-Tech-Aquarium können die Pflanzen etwa ein Jahr lang ein spektakuläres Wachstum zeigen, das sich dann allmählich verlangsamt. Dieses Phänomen scheint auch dann aufzutreten, wenn die Pflanzen ausreichend mit allen wichtigen Nährstoffen gedüngt werden. In **Aquarien ohne** CO2-Ergänzung hingegen **scheinen diese Substrate jahrelang zu halten**, mit kontinuierlichem Wachstum auch noch nach 4 oder 5 Jahren, wenn wir es zulassen.

Das wäre das Ergebnis eines bepflanzten Aquariums mit diesem selbstgemachten Substrat und einer mittelmäßigen Beleuchtung:

"Ein Low-Medium-Tech-Aquarium mit selbstgemachtem Substrat, das minimale Pflege erfordert, ohne CO2-Zufuhr"

ERINNERN SIE SICH AN DEN WICHTIGSTEN PUNKT ÜBER DAS SUBSTRAT

Die Kombination von Substraten mit JBL Manado kann zu zufriedenstellenden Ergebnissen bei Ihren Pflanzen führen, wenn alle anderen Bedingungen optimal sind. Die Verwendung von Blumenerde, die mit Kies bedeckt ist, kann die Pflanzen kostengünstig mit allen notwendigen Nährstoffen versorgen, auch wenn die anfängliche Einrichtung komplizierter ist.

Ein einfacherer Ansatz, wie z.B. ein Kies- oder Sandsubstrat, ist jedoch kostengünstig, leicht zu pflegen (im Falle von Kies) und kann dennoch akzeptable Ergebnisse liefern.

7.3 WIE VIELE LITER SUBSTRAT BRAUCHE ICH FÜR MEIN AQUARIUM?

Sie haben sich bereits für das gewünschte Substrat entschieden, z.B. eine 4 cm dicke Schicht aus Quarz- oder Quarzkies, aber Sie sind sich nicht sicher, wie viel Substrat Sie für diese Schicht in Ihrem Aquarium benötigen. Nun, die Berechnung ist ganz einfach. Notieren Sie sich die Maße für Länge, Breite und Höhe Ihres Aquariums. Nehmen wir zum Beispiel an, Ihr Aquarium ist 120 x 50 x 40 cm groß.

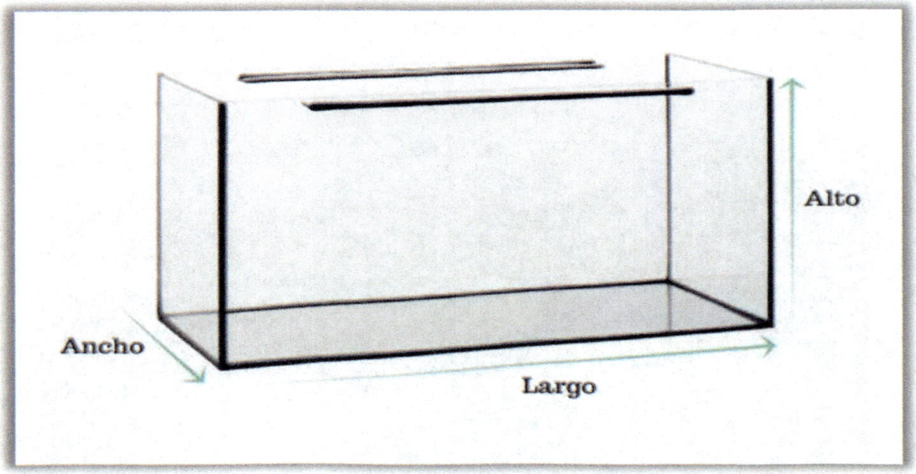

Ersetzen Sie die Höhe des Aquariums (in diesem Fall 40 cm) durch die Dicke der gewünschten Substratschicht. Sagen wir, wir wollen eine 4 cm dicke Schicht:

120 x 50 x 4 cm = 24000 cm3 = 24 Liter. Bei diesen Abmessungen Ihres Aquariums würden Sie insgesamt 24 Liter Substrat benötigen, um eine 4 cm dicke Schicht zu erreichen.

Einen weiteren Schritt näher!

Die Wahl des Bodengrunds ist einer der wichtigsten Faktoren für eine gesunde Entwicklung der Pflanzen in Ihrem Aquarium und verhindert somit die Vermehrung von Algen.

8 ZUSAMMENFASSUNG: DIE AUSRÜSTUNG, DIE IHR ÖKOSYSTEM BENÖTIGT

Jetzt wissen Sie, was Sie brauchen: ein Becken, einen Filter mit Filtermedien, eine Lampe und Substrat. In diesem Abschnitt gehen wir darauf ein, was Sie sonst noch brauchen, und gehen in den folgenden Kapiteln näher darauf ein. Gegen Ende des Buches finden Sie im "Anhang 2" neben den Budgetierungsrichtlinien einige Beispiele für spezielle Ausrüstungen.

Nachfolgend finden Sie eine Liste mit allem, was Sie benötigen. Falls Sie zum ersten Mal ein Aquarium einrichten, können Sie diese Liste zu Ihrer Einkaufsliste machen:

Liste der wichtigsten Geräte, Materialien und Produkte, die jedes Aquarium braucht:

Wesentlich

- Tank
- Filter und Filtermedien
- Beleuchtung
- Substrat
- Thermometer
- Wasseraufbereiter
- Nitrat- oder andere Teststreifen* (Verwenden Sie am besten den "Tropfen"-Test).
- Bakterien für den Kreislauf im Aquarium*.
- PPM oder TDS-MESSGERÄT
- Steckdosenleiste mit mindestens 6 Steckdosen (mit Verlängerungskabel in der passenden Größe, je nach Platzierung des Aquariums) und Zeitschaltuhren
- Wifi-fähige Steckdosenleiste (kann die bisherige ersetzen)

Die mit * gekennzeichneten Punkte sind nicht obligatorisch, können aber nützlich sein.

Situativ:

- Heizung: unerlässlich für Warmwasser- oder tropische Aquarien. Je nach dem Klima in Ihrer Region und dem Standort Ihres Aquariums ist er empfehlenswert.
- Ventilator: zur Kühlung des Wassers im Sommer, wenn Ihr Aquarienwasser 29-30ºC überschreitet.
- Belüfter oder Sprudelpumpe: entscheidend für den richtigen Gasaustausch und die Sauerstoffversorgung des Wassers (allgemein empfohlen).

Optional

- Einlass- und Auslasspipetten aus Glas für externe Filter: aus ästhetischen Gründen, um die Standardpipetten zu ersetzen, die mit den Filtern geliefert werden (Bilder in Anhang 2).
- Vorfilter: Er ist optional, aber kosteneffektiv und sehr empfehlenswert, insbesondere für Aquarien mit Pflanzen oder wenn Sie junge Fische oder Garnelen haben.

Zusätzlich für bepflanzte Aquarien mit Pflanzen mit hohen Anforderungen:

- Kit für den Pflanzenschnitt.
- Düngemittel.
- Nitrat- und Phosphattest.
- CO2-Flasche
- CO2-Regler
- CO2 Diffusor

8.1 WAS BRAUCHEN SIE NICHT FÜR IHR AQUARIUM?

Wir haben Ihnen konkrete Empfehlungen gegeben, was Sie an Filtern, Filtermaterialien, Substrat usw. benötigen, und wir werden uns im zweiten Teil des Buches mit der restlichen Ausrüstung befassen. **Um zu vermeiden, dass Sie zu viel Geld ausgeben**, ist es **sehr wichtig, dass Sie die Ausrüstung und Produkte mit einem klaren Ziel vor Augen kaufen**. Zum Beispiel:

Wir legen großen Wert auf die Qualität des Filters und des Filtermaterials, denn wenn Sie nicht in einen guten Filter investieren, müssen Sie vielleicht bald einen neuen kaufen. Wenn es um den Kauf eines Warmwasserbereiters geht, raten wir Ihnen: "Kaufen Sie irgendeinen Erhitzer", denn es gibt viele erschwingliche Optionen, die gute Ergebnisse liefern können. Im Allgemeinen funktionieren alle Heizungen gut, auch die, die bei AliExpress 9-12 Euro kosten.

Wir raten auch davon ab, Anti-Algen-Produkte, **Wasserqualitätsprodukte** oder andere Produkte außer Wasseraufbereiter und einem Bakterienbehälter zu kaufen. **Diese sind unnötig und verbessern die Wasserqualität nicht wesentlich**.

Natürlich können Sie Ihre Ausrüstung mit jedem beliebigen Material ergänzen, aber unser Ziel ist es, nur das zu empfehlen, was wirklich wichtig ist.

Viele von uns, die sich ohne richtige Anleitung an das Aquarienhobby herangewagt haben, haben zahlreiche unnötige Produkte gekauft, die dann ungenutzt blieben oder weggeworfen wurden. Wir haben auch ungeeignete oder minderwertige Produkte gekauft, die schnell ersetzt werden mussten.

Ergreifen Sie diese Gelegenheit! Lernen Sie aus diesen Fehlern und treffen Sie fundierte Entscheidungen!

TEIL 2

"DIE TECHNIK"

Wenn wir "die Technik" erwähnen, beziehen wir uns darauf:

"Die Fähigkeit des Aquarianers, die Parameter seines Ökosystems zu verwalten und eine stabile Wasserqualität zu erreichen und zu erhalten.

9 DIE BEDEUTUNG VON WASSER

Jedes Kapitel in diesem Buch dreht sich um ein zentrales Ziel: die Wasserqualität im Ökosystem. Wasserqualität bedeutet, dass die darin gelösten Stoffe und andere Parameter wie die Temperatur optimal für das Leben der darin lebenden Tiere sind. In diesem Kapitel erfahren Sie, warum dieser Aspekt so wichtig ist und wo Sie umfangreiches Wissen zu seiner Erreichung sammeln können.

Wasser ist das wichtigste Element in Ihrem Aquarium. Für unsere Tiere hat Wasser die gleiche Bedeutung wie die Luft, die wir atmen, für uns. Wenn die Luft, die wir atmen, giftig wäre, würde sie uns ersticken, Krankheiten hervorrufen und unsere Lebenserwartung verkürzen. Ein ähnliches Szenario spielt sich in unseren Aquarien ab. Lassen Sie uns das folgende Diagramm betrachten:

DIAGRAMM ZUR DARSTELLUNG DER URSACHEN UND FOLGEN DER WASSERQUALITÄT IN UNSEREM AQUARIUM

"Die Qualität des Wassers (sauber und frei von Giftstoffen) und die entsprechenden Parameter (GH, pH-Wert, Temperatur...) sind Ergebnisse, die sich aus dem individuellen Beitrag jeder Facette des Ökosystems ergeben, die wir kontrollieren können: "Veränderbare Faktoren" (effektive Filterung, Nutzung natürlicher Pflanzen zur Verbesserung der Filterung, Anpassung der Parameter und der Wasseraufbereitung bei Veränderungen, Kontrolle der Überbevölkerung...).

Oder anders ausgedrückt, **schlechte Wasserqualität ist das Ergebnis von:**

- **Zu wenig GH im Wasser, das während des Wasserwechsels für unsere Fischart hinzugefügt wurde,** oder wir haben den Aufbereiter vernachlässigt.
- **Seltene oder fehlende Wasserwechsel** (wichtig für die Beseitigung von Giftstoffen, die unser Ökosystem nicht verarbeiten kann).
- **Seltene Entfernung von Resten organischen Materials** (überschüssiges Futter, Fäkalien, verstorbene Fische, tote Blätter und Stängel...).

- **Unzureichende Filterung, die** zur Ansammlung von Ammoniak und Nitriten führt (Ammonium und Nitrite sind giftiger als Nitrate).
- Verwendung von **künstlichem Dekor, ohne das Filtrationspotenzial natürlicher Pflanzen zu nutzen**.
- **Unzureichender Gehalt an** gelöstem **Sauerstoff** im Wasser.
- Substrat oder Dekor, das die Wasserparameter verändert und/oder giftige Substanzen ins Wasser abgibt.
- Und verschiedene andere Ursachen, die wir in diesem Buch erforscht haben und weiter erforschen werden.

Die Folge einer schlechten "Wasserqualität" sind alle "Probleme" in unserem Aquarium: Krankheiten, Stress, Fische, die aus dem Becken springen, kurze Lebenserwartung unserer Tiere, Algen, trübes Wasser und fast alles, was Sie sich vorstellen können. Sobald diese Probleme auftreten, können sie die Wasserqualität weiter verschlechtern, den Kreislauf aufrechterhalten und unser Ökosystem zerstören, wenn nicht rechtzeitig eingegriffen wird.

Wir sind der festen Überzeugung, und diese Überzeugung hat sich bei anderen Enthusiasten bewährt: **Der wichtigste Aspekt ist die proaktive Problemvermeidung** durch Verständnis und geschicktes Management jedes "veränderbaren Faktors" innerhalb unseres Ökosystems. Die Konzentration auf individuelle Abhilfemaßnahmen für jedes Problem, sobald es auftritt, tritt in den Hintergrund, da **ein Problem in der Regel weitere Probleme hervorruft, und wenn wir die Grundursache nicht angehen, wird es wieder auftauchen.**

Zur Bekämpfung von Algen gehören zum Beispiel nicht die manuelle Entfernung, Wasserstoffperoxid, Glutaraldehyd, Dunkelheit, Wasserwechsel oder andere (zum Teil recht einfallsreiche) Methoden, über die man im Internet stolpern kann. Stattdessen müssen die Faktoren angegangen werden, die das Algenwachstum begünstigen, wie z.B. ein Ungleichgewicht der Nährstoffe oder eine unzureichende Filterung.

Schauen wir uns das Beispiel eines Kollegen an, der berichtete, dass seine Goldfische krank wurden...

Wir haben Manu über eine Aquarien-Hobbygruppe kennengelernt. Eines Tages teilte er ein Bild von einem seiner Goldfische. Das Bild sah ähnlich aus wie das unten abgebildete:

"Kranker Goldfisch mit Weißpünktchenkrankheit"

Er erzählte uns, dass er kürzlich einen weiteren Goldfisch in sein 200-Liter-Aquarium eingesetzt hatte. Das Aquarium war mit einer 25-Watt-LED-Beleuchtung, einem weißen Quarzkies-Substrat, einigen "Eleocharis" und einigen bepflanzten "Echinodorus" und einem Innenfilter mit einer theoretischen Durchflussrate von 1000 Litern pro Stunde und einer Kapazität für Filtermaterial von etwa 2 Litern ausgestattet. Der Filter enthielt keramische Biofiltrationszylinder (er war sich über die Marke nicht sicher) und Schaumstoffschwämme. Er hatte bereits 9 erwachsene Goldfische und vor einer Woche kam der zehnte hinzu.

Das Problem: 3 Tage nach der Ankunft des neuen Goldfisches im Aquarium wurde er am Morgen tot aufgefunden, mit weißen Flecken auf dem Körper, wie auf dem Bild zu sehen. Manu nahm ihn aus dem Wasser, ohne sich viel dabei zu denken. Nach 2 Tagen begann ein anderer Goldfisch, der seit mehr als 2 Jahren im Aquarium war, ebenfalls weiße Flecken zu zeigen.

Dieser Zustand ist als Weißpünktchenkrankheit bekannt. Sie wird durch einen Parasiten verursacht, der die Fische befällt und Wunden auf ihrer Haut verursacht, die zu einer Überinfektion durch andere Bakterien oder Pilze und schließlich zum Tod führen. Es ist wahrscheinlich, dass der neu eingesetzte Fisch bereits krank war, der Krankheit erlag und sie auf die anderen Fische übertragen hat. Außerdem war das Aquarienwasser leicht trübe, ein Zustand, der durchaus üblich ist, wie er erklärte.

Es gibt spezifische Behandlungen für diese Krankheit, die einen infizierten Fisch wirksam heilen können. Was jedoch die Übertragung und Ansteckung dieser Parasiten und anderer Krankheiten begünstigt, ist häufig die bereits bestehende Schwäche der Fische, die in erster Linie auf eine schlechte Wasserqualität zurückzuführen ist: instabile oder ungeeignete Parameter wie Temperatur, GH, pH-Wert, überschüssiges Ammonium und mehr. Unzureichende Fütterung und ungeeignete Dekoration für eine Spezies, die für Hautverletzungen anfällig ist, können ebenfalls dazu beitragen.

Wir werden uns nicht mit der spezifischen Behandlung dieses speziellen Fisches befassen. Sie können zahlreiche Anleitungen zur Behandlung dieser Krankheit finden (es ist wichtig, die Informationen zu vergleichen und sich auf vertrauenswürdige Quellen zu verlassen).

In diesem Fall ist es offensichtlich, dass die Ankunft eines Parasiten im Aquarium durch den neuen Goldfisch das

Das Wasser in seinem Aquarium hatte eine leicht trübe, grünliche Färbung. In Anbetracht der Größe der Fische und der Menge an organischen Abfällen, die sie produzieren, wird empfohlen, für jeden Goldfisch mindestens 30-40 Liter Wasser zu haben.

Für ein Aquarium wie das seine, mit dieser Anzahl von Fischen, wäre es auch ratsam, mindestens 1 Liter hochwertige biologische Filtermedien pro 100 Liter zu haben. Der Durchfluss war akzeptabel, aber da der theoretische Durchfluss in der Regel geringer ist als der tatsächliche, wäre es ratsam, mindestens das 6-7-fache Volumen des Aquariums zu haben.

Bei einem Test auf Ammonium lag die Konzentration bei 0,6 mg pro Liter. Der Idealwert ist 0, und eine Konzentration von 1 bis 2 mg pro Liter kann innerhalb weniger Tage tödlich sein.

Die Lösung: Die schrittweise Umstellung des Filtermaterials auf 1,5 Liter biologisches Material (mehr passte nicht in den Filter), die Abschaffung der mechanischen Filterung und die individuelle Behandlung von zwei weiteren Fischen, die die Krankheit entwickelt hatten, mit einer speziellen Behandlung. Ein Wechsel des Filters wurde dringend empfohlen, und wenn die Ammoniumwerte wieder ansteigen würden, wäre dies der nächste Schritt. Für den Moment war das Problem gelöst.

Das Ergebnis war, dass trotz der Aufrechterhaltung des Überbesatzes in seinem Aquarium ein Wechsel und eine Anpassung der Filtermedien das Ammoniumproblem löste. Zehn Tage nach den Änderungen wies das Wasser Ammoniumkonzentrationen auf, die über die Empfindlichkeit des Tests hinausgingen. Da das neue Filtermedium von den Bakterien des alten Mediums besiedelt war, hielt er die Ammoniumkonzentrationen durch häufige Wasserwechsel niedrig.

Was das Problem ausgelöst hat, war das Einsetzen eines kranken Fisches in das Aquarium, aber die Ansteckung der übrigen Fische erfolgte aufgrund der Toleranz gegenüber toxischen Ammoniakkonzentrationen aufgrund der folgenden Gründe:

- Es ist wichtig, ein wenig mehr in hochwertiges biologisches Filtermaterial zu investieren.
- Der Filter hatte eine sehr begrenzte Filtermedienkapazität (2 Liter) für ein 200-Liter-Aquarium mit 9 Goldfischen, und die Durchflussrate lag am unteren Ende des empfohlenen Bereichs. Außerdem war er mit einem Schaumstoffschwamm besetzt.
- Das Aquarium war überbesetzt.

Fazit: Wenn die Fische krank werden, liegt die Lösung nicht nur darin, sie mit Antibiotika oder anderen spezifischen Mitteln zu behandeln. In den meisten Fällen ist die Wasserqualität ein wichtiger Faktor, der die Fische für Krankheiten prädisponiert.

***Eine Kuriosität**: Die Krankheit der Schwimmblase ist ein häufiges Problem bei Goldfischen, das zu Auftriebsproblemen führt, weil der Lufteinlass und -auslass der Schwimmblase verstopft sind, was eine Regulierung unmöglich macht. Der **Hauptauslöser** ist oft eine unangemessene Fütterung, aber auch eine schlechte Wasserqualität **begünstigt** diesen Zustand.*

Der Weg zum idealen Wasser für diejenigen, die ein Projekt von Grund auf neu beginnen, besteht darin, unseren schrittweisen Empfehlungen zur Ausrüstung und zum Aquarienmanagement zu folgen. Für diejenigen, die bereits ein aquatisches Ökosystem haben, kann es sich um Eingriffe wie die Anpassung des Filters, des Filtermaterials, des Substrats, der Beleuchtung und der Reinigung handeln oder um direktere Maßnahmen wie die Regulierung von Parametern wie GH, pH-Wert, Wasserwechsel, Temperatur und Sauerstoffversorgung.

Eine letzte Empfehlung ist, ***die Verwendung von natürlichem Wasser aus Flüssen****, Teichen, Seen oder Regen* ***zu vermeiden****, da diese Probleme im Zusammenhang mit* ***Verunreinigungen*** *und Schwebeteilchen in das Aquarium einbringen können, zusammen mit möglichen* ***Mikroorganismen****, die unsere Tiere infizieren oder parasitieren könnten.*

9.1 WASSERPARAMETER: EINSTELLEN VON GH, KH UND PH

Wir beginnen mit Anpassungen, die direkt mit dem Wasser zu tun haben. Die wichtigsten Parameter, die Sie bei der Vorbereitung des Aquarienwassers berücksichtigen müssen, sind GH, pH und KH. **Der wichtigste Faktor, der diese Parameter in Ihrem Aquarienwasser beeinflusst und verändert, ist das bei jedem Wasserwechsel hinzugefügte Wasser,** da diese Parameter ohne Eingriffe relativ konstant bleiben.

KONZEPTE: GH, KH UND PH.

A. WASSERHÄRTE. GRAD DER GESAMTHÄRTE (DGH).

Süßwasserfische benötigen in der Regel eine niedrige bis mittlere Härte, mit GH zwischen 2-15 (für fast alle Fische). Die Gesamthärte oder der Grad der Gesamthärte (dGH oder °GH) ist ein Maß für die Konzentration zweiwertiger Metallionen, **was bedeutet:**

GH = Kalzium-Ionen (Ca^{2+}) + Magnesium (Mg^{2+}), gelöst in Wasser

Technisch gesehen spricht man bei der **Wasserhärte von der Kalzium- und Magnesiumkonzentration** des Wassers, wobei Kalzium im Allgemeinen dominiert. Und im Allgemeinen, aber nicht immer, sind auch die Konzentrationen von Bikarbonat, Cl, K und S mit der Wasserhärte verbunden. **Hartes Wasser enthält** also **große Mengen an Ca, HCO3, Cl, K, Mg und S** (die Pflanzennährstoffe von hartem Wasser).

B. KARBONATHÄRTE. GRAD DER KARBONATHÄRTE (DKH).

Karbonat Härtegrade messen die temporäre oder Karbonathärte, die als pH-Puffer wirkt. Sie wirkt den pH-Schwankungen entgegen. Ein empfohlener Bereich für KH liegt zwischen 3 und 10. Im Allgemeinen **entsprechen höhere GH-Werte auch höheren KH-Werten. Für uns**:

KH = Calciumcarbonat ($CaCO_3$) + Magnesiumcarbonat ($MgCO$)$_3$

C. WASSER PH-WERT

Der PH-Wert gibt den Säuregrad des Wassers an und sorgt für ein Gleichgewicht zwischen den im Wasser vorhandenen sauren und alkalischen Komponenten:

- **pH = 7 = neutrales Wasser**
- **pH > 7 = basisches Wasser**
- **pH > 7 = saures Wasser**

D. EIN WEITERES WICHTIGES KONZEPT: HARTES ODER WEICHES WASSER

Auf der Grundlage dessen, was wir gerade gesagt haben, mit anderen Worten:

Hartes Wasser weist im Gegensatz zu weichem Wasser eine höhere Konzentration an Magnesium- und Kalziummineralien auf. Mit anderen Worten: Hartes Wasser hat einen hohen GH-Wert, der normalerweise mit einem hohen KH-Wert einhergeht.

IDEALE GH-, KH- UND PH-PARAMETER

Es gibt keine universell idealen Werte für alle Fische, Pflanzen und wirbellosen Tiere, da jede Art ihren eigenen empfohlenen Parameterbereich hat. Es gibt jedoch einige Werte, die für die meisten Tiere (und Pflanzen) in den idealen Bereich fallen. Diese können für die Einrichtung eines Gemeinschaftsaquariums nützlich sein:

Was sind die idealen (oder nahezu idealen) Parameter für die meisten Arten?

- GH zwischen 5-12
- pH-Wert zwischen 6,5-7,5
- Temperatur zwischen 22ºC und 24ºC für Warmwasser- oder Tropenfische (im Sommer sollte sie unter 28-30ºC bleiben).
- Für Kaltwasserfische wie Carassius oder Goldfische, zwischen 10 und 26ºC (je nach Jahreszeit). Prüfen Sie immer die artspezifischen Anforderungen!

Dies sind allgemeine Empfehlungen, aber **es ist am besten, wenn Sie Ihre Wasserparameter an die Arten in Ihrem Aquarium anpassen:**

WIE WÄHLEN SIE DIE IDEALEN PARAMETER FÜR IHR SPEZIELLES AQUARIUM?

1. Recherchieren Sie jede Tierart in Ihrem Aquarium und notieren Sie den idealen GH- und Temperaturbereich für jede Art.
2. **Dokumentieren Sie jede Art und ihren idealen GH- und Temperaturbereich**.
3. **Wählen Sie einen GH-Wert innerhalb des idealen Bereichs für alle Arten** oder so nahe wie möglich, **und tun Sie dasselbe für die Temperatur.**
4. Wenn Sie unverträgliche Arten haben, sollten Sie sich überlegen, ob Sie sie getrennt unterbringen wollen.

Denken Sie auch **daran, dass Pflanzen ein Minimum an GH benötigen**; ein GH von **mindestens 4-5** ist für sie notwendig, und bis zu einem GH von 20 wäre ideal.

HÖHEPUNKTE DIESES ABSCHNITTS:

Einer der Gründe, warum viele Aquarianer die Messung oder Pflege ihrer Wasserparameter vernachlässigen, ist die Komplexität ihrer Einstellung. Es sind mehrere Tests erforderlich, um jeden Parameter einzeln zu messen, wobei das Wasser gemischt und erneut auf seine Genauigkeit überprüft werden muss. **Nach jahrelanger Erfahrung haben wir eine SEHR**

EFFEKTIVE, erschwingliche und einfache METHODE entdeckt, um diese wichtige Anpassung vorzunehmen. Wir möchten diesen Ansatz gerne mit Ihnen teilen.

9.2 WASSERPARAMETER: VERGESSEN SIE GH, KH UND PH

Nun, da Sie wissen, was diese Begriffe bedeuten und wie Sie die Parameter bestimmen, die Ihre Arten benötigen: Sie brauchen nichts mehr darüber zu wissen! Wenn Sie diesen Leitfaden befolgen, müssen Sie sich wahrscheinlich nie wieder Gedanken über GH, KH, pH machen oder Tests verwenden. Auf jeden Fall brauchen Sie sie jetzt nicht mehr.

Aber was sind ppm oder Teile pro Million? Für uns bezieht sich ppm auf die Milligramm (mg) an gelösten Stoffen (Kalzium und Magnesium), die in 1 Liter Wasser gelöst sind, was **der Wasserhärte oder GH entspricht**. **Eine einfache und praktische Betrachtungsweise ist:** Eine Konzentration von 100 bis 200 ppm oder mg/l entspricht den idealen GH-Bedingungen für die meisten unserer Fische, Wirbellosen, Amphibien und Pflanzen. **Hier ist eine Zusammenfassung:**

100-200 ppm = GH von 6 - 12º / KH von 3 - 10º / pH von 6,5 - 7,5

Was brauchen wir? Wir brauchen nur ein **"PPM-MESSGERÄT oder TDS-MESSGERÄT** (beide sind gleich)", das uns **hilft, die GH Ihres Leitungswassers, Osmosewassers oder Flaschenwassers** mit ausreichender Genauigkeit **zu bestimmen** (unter Beachtung der Anweisungen, die wir Ihnen geben). **Ein ppm- oder TDS-Messgerät hilft uns** also **dabei, die GH oder Härte des Wassers einzustellen (bevor wir es in das Aquarium geben**), damit **unsere Tiere bei jedem Wasserwechsel eine ideale und stabile Härte haben**. Es schätzt die GH sofort ein, ohne dass ein Test erforderlich ist. Um es zu verwenden, müssen Sie GH in ppm (Teile pro Million) oder mg/L umrechnen, was unser "ppm-Meter" misst und umgekehrt.

Grundlagen der Methode: Bevor Sie Wasser in das Aquarium geben (Leitungswasser, Osmosewasser oder Wasser aus Flaschen), hat es **eine GH, die direkt mit der Anzahl der Teile pro Million im Wasser (ppm) zusammenhängt.** Im Allgemeinen gilt: je höher die GH, **desto höher die KH und der pH-Wert**. Umgekehrt führt eine niedrigere GH zu einer niedrigeren KH und einem niedrigeren pH-Wert. Dies kann jedoch variieren, insbesondere in Gegenden mit Wasser aus Entsalzungsanlagen oder Gebäuden mit Wasserenthärtern. Zum Beispiel:

Wenn Sie das Wasser in einem Behälter vorbereiten, bevor Sie es während eines Wasserwechsels in das Aquarium geben, indem Sie es zum Beispiel auf 165 ppm einstellen, wird die GH 10 sein. Mit sehr hoher Wahrscheinlichkeit wird Ihr KH-Wert zwischen 2 und 10 liegen und Ihr pH-Wert zwischen 6,5 und 7,5. Wenn Sie die GH oder die ppm für eine bestimmte Fischart erhöhen, werden auch die KH und der pH-Wert steigen. (Arten, die für ideale Bedingungen eine höhere GH benötigen, brauchen auch eine höhere KH und einen höheren pH-Wert).

GH	mg/litre	Considered as
0 - 3	0 - 50	Soft
3 - 6	50 - 100	Moderately Soft
6 - 12	100 - 200	Slightly Hard
12 - 18	200 - 300	Moderately hard
18 - 25	300 - 450	Hard
Over 25	Over 450	Very Hard

Wir lassen Ihnen eine Tabelle mit anderen Äquivalenzen da. Sie können online **einen Rechner** finden**, der ppm in GH und umgekehrt umrechnet.**

Für ein Gesellschaftsaquarium könnte **ein Wert von 130 ppm (GH = 7,8)** geeignet sein. In einem Gesellschaftsaquarium gedeihen die meisten im Handel erhältlichen Süßwassertierarten bei 130 ppm, darunter Neocaridina-Garnelen, andere wirbellose Tiere und einige kleine Amphibien wie Frösche.

Allerdings ist es ideal, die richtigen ppm für Ihr spezielles Aquarium zu kennen. Lassen Sie uns jetzt lernen, wie das geht.

WIE WÄHLT MAN DEN PPM-WERT FÜR DEN WASSERWECHSEL IN IHREM AQUARIUM?

Befolgen Sie diese Schritte, um einen idealen GH auszuwählen, falls Sie das noch nicht getan haben:

1. Erforschen Sie jede Tierart in Ihrem Aquarium, sowohl Fische als auch andere Tiere.
2. **Notieren Sie den GH-Bereich für jede Art.**
3. **Wählen Sie einen GH-Wert, der in den idealen Bereich für alle** Arten **fällt** oder so nahe wie möglich liegt, und notieren Sie ihn.
4. Wenn Sie unverträgliche Arten haben, versuchen Sie, sie in ein anderes Ihrer Aquarien oder in das Aquarium eines anderen Aquarianers umzusiedeln.

Und dann:

5. **Sobald Sie den idealen GH-Wert kennen, verwenden Sie die Äquivalenztabelle oder den GH-zu-ppm-Rechner, um den idealen ppm-Wert für das bei jedem Wasserwechsel hinzuzufügende Wasser zu bestimmen.**

Bitte beachten Sie, dass der ppm-Messer nur dazu dient, die GH zu berechnen, bevor Sie das Wasser in das Aquarium geben. Sobald sich das Wasser im Aquarium befindet, können andere gelöste Stoffe die ppm-Werte erhöhen, ohne die GH oder die Härte zu beeinflussen. **(Verwenden Sie den ppm-Messer nicht im Aquarienwasser, um die GH einzustellen; das wird nicht funktionieren.) Um die GH unseres Aquarienwassers auf den gewünschten Wert einzustellen, werden wir daher Wasserwechsel vornehmen.**

WIE PASST MAN DIE PPM BEIM WASSERWECHSEL AN, UM DIE GEWÜNSCHTE GH IM AQUARIUM ZU ERREICHEN?

Der erste Schritt ist die ***Anschaffung eines PPM- oder TDS-METERS***. Dieses Gerät misst gelöste Partikel im Wasser. **ES IST DAS EINZIGE GERÄT, DAS SIE BENÖTIGEN, UM IHRE WASSERPARAMETER EINZUSTELLEN.**

Ein ppm-Meter kostet normalerweise zwischen 7 und 15 Euro. Sie finden sie sehr günstig auf AliExpress und etwas teurer, aber immer noch sehr erschwinglich auf Amazon. Die einzige erforderliche Wartung besteht darin, alle paar Jahre die Batterie zu wechseln. In seltenen Fällen, je nach Nutzung, müssen sie eventuell kalibriert werden.

WIE MAN DAS MESSGERÄT ZUM EINSTELLEN DER PARAMETER VERWENDET?

In Kapitel 14 erfahren wir, wie wir die GH bestimmen, die unsere Tiere und damit unser Aquarium benötigen.

Stellen wir uns vor, dass wir aufgrund der Eigenschaften unserer Fische oder anderer Tiere eine Konzentration von 130 ppm (GH=7,8) benötigen:

Besorgen Sie sich zunächst einen ausreichend großen Behälter, um die notwendigen Liter Wasser für den Wasserwechsel in Ihrem Aquarium zu mischen. Wenn Ihr Aquarium 100 Liter fasst, sollte der Behälter idealerweise ein Fassungsvermögen von mindestens 30 Litern haben.

1º **Messen Sie den ppm-Wert Ihres Leitungswassers.** Wenn sie im optimalen Bereich für Ihre Tiere liegen, ist das hervorragend! Sie können Ihr Leitungswasser für Ihr Aquarium verwenden und brauchen kein Osmose- oder Flaschenwasser mehr. In den meisten Fällen ist dies jedoch NICHT der Fall.

2º **Wenn der ppm-Wert Ihres Leitungswassers niedriger ist, als Sie benötigen,** müssen Sie es aufstocken. Gehen Sie in den nächsten Supermarkt und suchen Sie nach Wasser mit der höchsten verfügbaren Härte, d.h. mit einer starken Mineralisierung, einem hohen Kalzium- und Magnesiumgehalt, einer hohen Anzahl von Partikeln pro Million oder einem hohen GH-Wert. Suchen Sie nach der günstigsten Option. Fügen Sie Ihrem Leitungswasser im Mischbehälter nach und nach stark mineralisiertes Flaschenwasser hinzu, bis Sie die gewünschte ppm-Konzentration erreicht haben.

Eine noch bequemere und wahrscheinlich kostengünstigere Alternative ist der **Kauf von Salzen**, die die GH und KH des Wassers erhöhen, wie z.B. "JBL Aquadur Salze". **Denken Sie daran:** Geben Sie KEINE Salze direkt in Ihr Aquarienwasser oder passen Sie die ppm beim Wasserwechsel direkt im Aquarienwasser an.

3º. Wenn der ppm-Wert Ihres Leitungswassers den erforderlichen ppm-Wert überschreitet, müssen Sie ihn senken. Suchen Sie nach dem günstigsten **Wasser in Flaschen mit der geringsten Mineralisierung, die Sie finden können**, d.h. mit geringer Härte, niedrigem GH-Wert, niedrigem Kalzium- und Magnesiumgehalt oder niedrigem ppm-Wert. Wenn Sie Zugang zu Osmosewasser haben, verwenden Sie es und mischen Sie es mit Ihrem Leitungswasser, bis Sie **die angestrebten ppm erreichen.**

Mischen Sie Wasser mit höherem Härtegrad mit Wasser mit niedrigerem Härtegrad im Behälter und messen Sie dabei nach und nach mit dem ppm-Messer, bis Sie ungefähr die erforderlichen Liter mit dem gewünschten ppm-Wert für Ihr Aquarium erreichen. Sobald dies erreicht ist, fahren Sie mit dem 4. Schritt fort.

4º. Setzen Sie das Wasser in das Aquarium ein. Machen Sie sich keine Sorgen, auch wenn Sie das Aquarium bereits gefüllt haben und auch wenn die Fische bereits vorhanden sind. Bestimmen Sie die ideale GH für Ihre Tiere. Sobald Sie dies wissen, führen Sie die üblichen wöchentlichen Wasserwechsel von 20-30% des Aquarienwassers durch. Allerdings muss das Wasser, das Sie bei jedem Wechsel hinzufügen, jetzt angepasst werden, um die ideale GH für Ihr Aquarium zu erreichen. **Woche für Woche wird sich die Wasserhärte allmählich ändern (da die Tiere keine abrupten Änderungen vertragen), bis sie Ihren Wünschen entspricht.**

Ein Tipp: Bereiten Sie das Wasser für den wöchentlichen Wechsel in Flaschen vor - einige mit Wasser mit hohem GH-Wert und andere mit Wasser mit niedrigem GH-Wert.

Verwenden Sie diese Flaschen jede Woche für die Wasserwechsel in Ihrem Aquarium. Füllen Sie sie danach wieder auf, fügen Sie den "Wasseraufbereiter" hinzu (den wir gleich näher erläutern werden) und bewahren Sie sie bis zur nächsten Woche auf. Wenn die Zeit für den Wasserwechsel gekommen ist, haben Sie das Wasser bereit und konditioniert.

Kurz gesagt: Verwenden Sie einen Behälter, um Leitungswasser, Osmosewasser, Flaschenwasser oder künstliche GH- und KH-Salze je nach Fall zu kombinieren, bis Sie die ideale ppm-Konzentration für Ihre Fische erreichen (normalerweise etwa 100-200 ppm). Führen Sie dann mit diesem vorbereiteten Wasser einen Wasserwechsel für Ihr Aquarium durch.

Und da haben Sie es! Das erste Mal ist das schwierigste, und dann sind die Probleme vorbei!

EMPFEHLUNGEN FÜR DIE EINSTELLUNG DES PPM-WERTES IHRES AQUARIENWASSERS

- Wenn Sie sich in der Anfangsphase der Einrichtung des Aquariums befinden und sich KEINE Tiere darin befinden und der Zyklus noch nicht begonnen hat, weil Sie das Becken erst kürzlich gefüllt haben, können Sie den ppm-Wert anpassen, indem Sie im Aquarium mischen, bis Sie das gewünschte Niveau erreicht haben. Dann fügen Sie den "Wasseraufbereiter" hinzu (wir werden gleich erklären, was das ist).
- Wenn sich Ihr Aquarium bereits im Zyklus befindet oder bereits mit Fischen und Pflanzen besetzt ist und Sie das Wasser genau richtig für Ihre Tiere einstellen möchten, nutzen Sie Ihre wöchentliche Pflegeroutine. Verwenden Sie bei den wöchentlichen Wasserwechseln von 20-30% die von Ihnen vorbereitete Wassermischung mit Ihrer Ziel-GH oder -ppm. Mischen Sie das Wasser in einem Behälter, bevor Sie es in das Aquarium geben.
- **Vermeiden Sie abrupte Änderungen der Wasserparameter, da die Tiere keine plötzlichen Veränderungen vertragen**. Bleiben Sie bei Ihrer Routine des wöchentlichen Wasserwechsels, aber fügen Sie jetzt bei jedem Wechsel Wasser mit dem idealen ppm-Wert für Ihre Fische hinzu. Allmählich, über einige Wochen hinweg, wird der GH-Wert sinken und sich den idealen Bedingungen angleichen.
- **WICHTIG: Das ppm-Messgerät sollte nur verwendet werden, um die GH** von Leitungs-, Osmose- oder Flaschenwasser **zu berechnen**, oder wenn Sie die Mischung in einem Behälter zubereiten. **Verwenden Sie es nicht, um die GH des Wassers in Ihrem Aquarium zu berechnen.**

  Und warum? Weil sich im Aquarienwasser andere gelöste Partikel befinden, wie z.B. Nitrate (u.a.), die im Leitungs- oder Flaschenwasser nicht vorhanden sind (es ist normal, dass Nitrate in einem zyklischen Aquarium auftauchen), und diese Partikel erhöhen auch den ppm-Wert, selbst wenn der GH-Wert stabil bleibt.

  Wir betonen: VERGESSEN SIE NICHT, DASS DER PPM-WERT DES WASSERS IM AQUARIUM NICHT GLEICH DER GH ODER DER WASSERHÄRTE IST. **Wenn das Wasser, das Sie wöchentlich in Ihr Aquarium geben, 130 ppm (GH=7,8) hat, ist die Härte Ihres Aquarienwassers GH=7,8, auch wenn die ppm des Aquarienwassers 250 ppm betragen** (solange alles im Aquarium, vor allem Substrat und Dekoration, inert ist, wie wir zuvor empfohlen haben). Das liegt daran, dass auch andere im Wasser gelöste Stoffe (wie Nitrate und viele andere) den ppm-Wert erhöhen, ohne den GH-Wert zu beeinflussen.

Wenn Ihr Aquarium bereits eingerichtet ist, selbst wenn Sie es schon seit Jahren haben und Ihre Fische "überleben", suchen Sie bei Google nach der idealen GH und Temperatur für die von Ihnen gehaltenen Arten. Wenn die Bedingungen nicht angemessen sind, kann es sein, dass Sie gelegentlich Verluste zu beklagen haben, dass einige Fische krank geworden sind, dass andere nicht die Lebenserwartung ihrer Art erfüllen usw. (im besten Fall).

Wenn diese Parameter geeignet sind und Sie immer noch Probleme haben, haben wir im Kapitel über die Filtration eine weitere häufige Ursache für diese Probleme besprochen. Wir werden uns später auch mit anderen möglichen Ursachen befassen.

Folgen Sie unserer Empfehlung: **Fangen Sie an, die Dinge richtig zu tun! Verbessern Sie die Lebensqualität Ihrer Fische.** Es gibt erfahrene Aquarianer, die sich trotz jahrelanger Erfahrung nie Gedanken über die Bedeutung dieser Parameter in ihren Aquarien gemacht haben. In vielen dieser Fälle überleben ihre Tiere und Pflanzen kaum, kämpfen mit gesundheitlichen Problemen und erreichen nicht ihre Lebenserwartung.

Wenn Sie dieses Buch lesen und es in die Praxis umsetzen, haben Sie dieses Problem ein für alle Mal gelöst: HERZLICHEN GLÜCKWUNSCH!

ANDERE TIPPS

Wenn Sie Wasser in das Aquarium gießen, leiten Sie es über eine Schale, damit es gleichmäßig in das Becken fließt, ohne den Kies, die Dekoration oder die Pflanzen zu stören.

Lassen Sie etwa 3-4 Zentimeter Platz ohne Wasser. Dies verhindert ein Überlaufen, falls Sie aus irgendeinem Grund in den Tank greifen müssen.

SCHLÜSSELBEGRIFFE ZU GH, KH UND PH

Fügen Sie beim regelmäßigen Wasserwechsel immer Wasser hinzu, das auf den ppm-Wert eingestellt ist, der der idealen GH für Ihre Fische entspricht. Bevor Sie es ins Aquarium geben, verwenden Sie einen "Aufbereiter". Die in Ihrem Aquarium gelösten ppm werden nie mit dem Wasser übereinstimmen, das Sie jede Woche hinzufügen; sie werden immer höher sein.

Die Anpassung dieser Parameter ist eine einfache und kostengünstige Möglichkeit, die Wasserqualität für Ihre Arten zu verbessern. Vergessen Sie komplexe Medikamentenbehandlungen und konzentrieren Sie sich auf die Wasserqualität. Viele Aquarianer vernachlässigen die Überwachung der Wasserparameter in ihrem Aquarium. Wir raten dringend von dieser Praxis ab, da sie zu Leiden, Krankheiten und einer verkürzten Lebenserwartung für unsere Tiere führt. ***Mit unserer Methode ist es unglaublich einfach, es richtig zu machen!***

Denken Sie daran, noch einmal... Wir entschuldigen uns für die Wiederholungen...

*Das Wasser in Ihrem Aquarium wird immer einen höheren ppm-Wert haben als das Wasser, das Sie jede Woche bei der Pflege wechseln. Wenn Sie z.B. Wasser mit einer Konzentration von 130 ppm einfüllen, ist es wahrscheinlich, dass Ihr Aquarium normalerweise zwischen 200 - 270 ppm misst. Das ist normal****, denn andere gelöste Stoffe im Aquarienwasser erhöhen den ppm-Wert, obwohl sie NICHT die GH beeinflussen.*** *Mit anderen Worten: Wenn das Leitungswasser 300 ppm misst, beträgt seine GH 18. Wenn Ihr Aquarienwasser jedoch 300 ppm anzeigt, beträgt die GH* ***NICHT*** *18, sondern ist niedriger. Ppm ist nur nützlich, um die GH von Leitungs-, Osmose- oder Flaschenwasser zu berechnen, oder wenn Sie es mit GH- und KH-Salzen aufbereiten. Für die Berechnung des GH-Werts Ihres Aquarienwassers ist sie nicht geeignet.*

Wenn wir über die Pflege sprechen, geben wir Ihnen weitere praktische Tipps und zusätzliche Ideen, wie Sie Wasserwechsel durchführen können.

9.3 NOCH EINE SACHE, BEVOR SIE WASSER IN IHR AQUARIUM GEBEN

WASSERAUFBEREITER

Neben dem ppm- oder TDS-Messgerät ist ein weiteres wichtiges Produkt zur Einstellung der Wasserparameter Ihres Aquariums ein **hochwertiger** "Wasseraufbereiter". Seine Aufgabe ist es, **Chlor und Chloramine aus dem Wasser zu entfernen, bevor Sie es in das Aquarium geben**. Chlor würde die Bakterien in unserem Aquarium abtöten und den "Stickstoffkreislauf" stören (wir werden das gleich erklären). Wir empfehlen "PRIME von SEACHEM". Es gibt zwar **auch andere Qualitätsprodukte, aber wir empfehlen, eines zu wählen, das EDTA enthält.**

Wann sollten Sie es verwenden? IMMER. Wenn Sie das Aquarium zum ersten Mal einrichten, müssen Sie es verwenden. Verwenden Sie es außerdem in dem Wasser, das Sie für den Wasserwechsel verwenden. Wenden Sie es ein paar Minuten oder ein paar Stunden vorher an (je nach Empfehlung des Herstellers), damit es seine Wirkung entfalten kann.

Konditionierer sind in der Lage, Chlor, Schwermetalle und, in hohen Konzentrationen, Nitrate, Nitrite und Ammonium zu eliminieren.

Dies ist nicht optional. Vielleicht haben Sie gelesen, dass Chlor verdampfen kann, wenn Sie die Flasche offen stehen lassen. Vergessen Sie das. Heutzutage enthält Leitungswasser Chloramine und andere Stoffe, die nicht verdunsten.

Investieren Sie in einen guten Aufbereiter. **Im Falle eines besseren Aquariums empfehlen und verwenden wir "PRIME von Seachem".** Es hat bei uns ausgezeichnete Ergebnisse erzielt und ist kostengünstig: **mit 50 ml und für etwa 7-10 Euro haben Sie genug Konditionierer für ein 100-Liter-Aquarium für mindestens 2-3 Jahre. Es ist eines der kostengünstigsten Produkte für Ihr Aquarium.**

Befolgen Sie die Gebrauchsanweisung des Herstellers. In der Regel geben Sie **mindestens 1 Stunde vor dem** Einsetzen in das Aquarium ein paar Tropfen in das **Wasser**. Es können jedoch auch 10-15 Minuten ausreichen.

Es ist zwar unwahrscheinlich, aber manche Osmosewasser entfernen Chloramine NICHT vollständig. Unsere Empfehlung ist, **NICHT ein paar Tropfen aufzusparen und den Conditioner auch in Osmosewasser zu verwenden. Es ist auch notwendig, ihn in Flaschenwasser zu verwenden,** da dieses Chloramine enthält.

9.4 WASSERPARAMETER: EINSTELLUNG DER TEMPERATUR

Ein weit verbreiteter Irrtum unter Aquarianern ist es, "kaltes Wasser" mit "jeder Temperatur" gleichzusetzen. Warmwasser- oder Tropenfische gedeihen in der Regel das ganze Jahr über bei gleichbleibenden Temperaturen, mit nur wenigen Grad Schwankungen aufgrund saisonaler Veränderungen. **Kaltwasserfische hingegen stammen in der Regel aus Regionen, in denen die Wassertemperaturen zwischen 10ºC und 28-30ºC schwanken können.**

Unter idealen Bedingungen **halten sich tropische Fische normalerweise bei Temperaturen zwischen 22ªC und 26ºC auf.** Umgekehrt gedeihen einige verbreitete Kaltwasserfische, wie die Familie "Carassius auratus" (zu der auch die Goldfische gehören), idealerweise zwischen 10ºC und 29ºC, je nach Jahreszeit.

Wenn wir von einem Temperaturbereich von 10ºC bis 29ºC sprechen, meinen wir damit **allmähliche Temperaturschwankungen im Laufe der Jahreszeiten.** Temperaturschwankungen von mehr als einem Grad innerhalb von 24-48 Stunden können physiologischen Stress auslösen, der unsere Fische, egal ob in warmem oder kaltem Wasser, schwach und anfällig für Krankheiten macht.

Eine kurze Anmerkung zu "Carassius auratus" (dem orangefarbenen Kaltwasserfisch): Wir alle haben schon runde Glasaquarien und 5-Liter-Plastikschalen mit einem orangefarbenen Fisch darin gesehen, in der Annahme, dass alles, was ein Fisch zum Überleben braucht, Wasser und Futter ist. Der "Goldfisch" benötigt jedoch viel mehr als das für ein gesundes Leben: sauberes, ammoniumfreies Wasser, einen neutralen pH-Wert (6,5 bis 7,5), Wasser mit einer GH von 5 bis 15º und Aquarien mit einem Fassungsvermögen von 120-200 Litern (Goldfische und andere Karpfen sind Teichfische), neben anderen Faktoren, genau wie jedes andere Tier.

Auch in bepflanzten Aquarien ist die Temperatur ein entscheidender Faktor, da nur sehr wenige Pflanzenarten Temperaturen unter 18ºC oder über 30ºC unter optimalen Bedingungen vertragen. Im Sommer können in Regionen, in denen die Temperaturen steigen und die Wassertemperatur im Aquarium 30ºC übersteigt, Probleme mit Fischen und Pflanzen auftreten. **Bei mehr als 32ºC könnten einige Tiere und Pflanzen den Sommer nicht überleben.**

Zusammengefasst: **Die für Ihr Aquarium erforderliche Temperatur hängt von den Tieren und Pflanzen ab, die Sie darin halten möchten.** Ganz einfach:

- Die meisten im Handel erhältlichen tropischen Fische gedeihen bei etwa 24ºC (zwischen 22ºC und 26ºC). Versuchen Sie, sie unter 30ºC und über 18-20ºC zu halten.
- Kaltwasserfische aus der Familie "Carassius auratus" vertragen Temperaturen zwischen 10ºC und 29ºC gut. **Die Familie "Carassius auratus" kann in Teichen im Winter Temperaturen von etwas unter 10ºC vertragen.**
- Unabhängig davon, ob es sich bei Ihren Fischen um Warm- oder Kaltwasserfische handelt, sollten die Temperaturänderungen schrittweise erfolgen und nie mehr als 1-2ºC in weniger als 24-48 Stunden betragen.
- Für Aquarienpflanzen wäre eine Temperatur von über 18ºC und bis zu 29ºC (im Sommer) ideal.

In Kapitel 14, "Die Bewohner des Aquariums", erfahren Sie, wie Sie die Wassertemperatur an die Fische und anderen Tiere in Ihrem Aquarium anpassen.

THERMOMETER

Jedes Aquarium braucht ein Thermometer, egal ob es sich um ein Kaltwasser- oder Warmwasserbecken handelt. **Wenn Sie einen Heizer haben, sollten Sie sich nicht nur auf dessen Thermostat verlassen, sondern auch ein Thermometer verwenden.** Stellen Sie das Thermometer nicht in der Nähe des Heizers auf (eine gute Wasserzirkulation macht dies weniger kritisch).

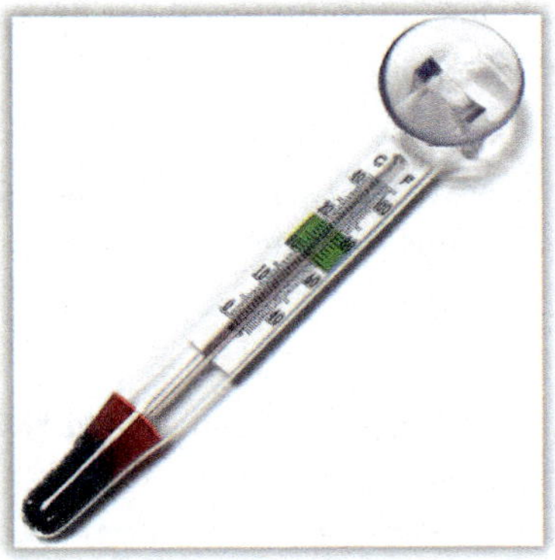

Welches ist das Beste? Wählen Sie das Modell, das Ihnen am besten gefällt und das am wirtschaftlichsten ist. Wir von "Mejor Acuario" empfehlen den klassischen Typ - er ist zuverlässig und ästhetisch ansprechend. Der Preis liegt zwischen 2 und 4 Euro, je nachdem, wo Sie ihn kaufen.

Lassen Sie uns ein häufiges Problem veranschaulichen:

Sie haben einen Heizer in Ihrem Aquarium auf 24ºC eingestellt, aber das Thermometer zeigt 26ºC an. Das bedeutet, dass der Thermostat Ihres Heizers eingestellt werden muss. Unabhängig davon sollten Sie der **Anzeige des Thermometers als der tatsächlichen Temperatur vertrauen.** Stellen Sie die Temperatur des Heizers auf 23 oder 22 ºC ein, bis das Thermometer die gewünschte Temperatur anzeigt.

DER AQUARIENHEIZER: BRAUCHE ICH EINEN HEIZER FÜR MEIN AQUARIUM?

Die Antwort ist ganz einfach:

- Wenn Sie nicht in einem tropischen Klima mit einer Mindestwassertemperatur von 20ºC leben und tropische Wasserfische halten möchten, lautet die Antwort **JA - Sie** brauchen einen Heizer.
- Wenn Sie planen, Kaltwasserfische im Aquarium zu halten, und die Temperatur in Ihrer Wohnung im Winter nicht unter den Toleranzbereich dieser Fische fällt, brauchen Sie **KEINE**.
- Wenn Sie beabsichtigen, Pflanzen in Ihr Aquarium zu setzen und bei Ihnen zu Hause im Winter Temperaturen unter 18ºC herrschen, empfehlen wir Ihnen einen Heizer.

Wir empfehlen, **nicht zu viel Geld für den Heizer auszugeben.** Für etwa 8-12 Euro können Sie bei AliExpress einen Heizer mit 100-300 Watt kaufen, der für Aquarien von etwa 100-300 Litern geeignet ist. Sie funktionieren effektiv und sind auch in anderen Geschäften zu ähnlichen Preisen erhältlich. Wenn Sie etwas mehr investieren, können Sie sich sicher sein, dass die vom Thermostat angezeigte Temperatur mit der tatsächlichen Wassertemperatur übereinstimmt.

Stellen Sie den Heizlüfter dort auf, wo er ästhetisch ansprechend aussieht und wo das Wasser fließt (mit einer angemessenen und gut platzierten Filterung ist das kein Problem). Schließen Sie den Heizer immer an, denn er verfügt über einen automatischen Thermostat, der ihn je nach Wassertemperatur ein- und ausschaltet.

Die Watt, die Ihr Heizer benötigt, **sind 0,75 - 1,5 W pro Liter des Aquariums. Für ein 100-Liter-Aquarium wäre zum Beispiel ein Heizer mit einer Leistung von 75-150 Watt geeignet. In sehr kalten Räumen ist es ratsam, mindestens 1 Watt pro 100 Liter zu verwenden.** Schalten Sie den Heizer erst 5-10 Minuten, nachdem Sie ihn in das Aquarium gestellt haben, ein; ein plötzlicher Temperaturwechsel kann zum Zerbrechen der Scheibe führen.

WIE KANN ICH DIE TEMPERATUR MEINES AQUARIUMS IM SOMMER SENKEN? DER VENTILATOR

Dies ist ein häufiges Problem in Regionen mit sehr heißen Sommern. Übersehen Sie diesen Aspekt nicht, denn es gibt zahlreiche Fälle, in denen Hobbygärtner Teile ihrer Pflanzen und Tiere aufgrund der Sommerhitze verloren haben. Zum Glück haben wir eine einfache und erschwingliche Lösung.

Für diejenigen, die in Regionen leben, in denen die Temperaturen im Sommer auf 35-40ºC (im Freien) ansteigen, ist dies von entscheidender Bedeutung. Es ist üblich, dass die Wassertemperaturen im Aquarium 32ºC überschreiten. **Idealerweise halten Sie sie unter 28ºC (im Allgemeinen). Wie das geht? Ganz einfach: mit einem Ventilator. Darüber hinaus** können auch **andere Maßnahmen wie die Vermeidung von direktem Sonnenlicht (am besten das ganze Jahr über), die** Verwendung von LED-Lampen oder das Abdecken des Aquariums helfen.

Es gibt noch weitere Optionen, aber wir werden sie aufgrund ihrer Kosten und Komplexität nicht näher erläutern. **Wählen Sie einen Ventilator (oder einen Satz von Ventilatoren), der mindestens den größten Teil der Breite oder die Hälfte der Länge Ihres Aquariums abdeckt.** Wenn Ihr Aquarium beispielsweise 60 cm lang und 40 cm breit ist, sollte ein Ventilator von 25-30 cm Länge ausreichen. Ein solcher Ventilator kann die Temperatur Ihres Aquariums normalerweise um 4ºC senken. Bei Bedarf können Sie sich für einen größeren Ventilator entscheiden oder einen zweiten Ventilator hinzufügen.

Schließen Sie den Ventilator an eine Zeitschaltuhr an und passen Sie die Ein- und Ausschaltzeiten an die Temperatur des Aquariums an: Überwachen Sie alle 24 Stunden die Temperatur des Aquariums und passen Sie die Einschaltzeiten an, damit die Wassertemperatur unter 30ºC bleibt.

Praktisches Beispiel: In Murcia (Spanien), einer heißen Region im Sommer mit Temperaturen von über 40ºC, empfahlen wir einen Satz von 4 zusammengeschalteten Ventilatoren, die 30 cm der Länge eines 70-cm-Aquariums überspannen. Wenn sie an eine Zeitschaltuhr angeschlossen und 18-20 Stunden am Tag mit gelegentlichen 30-minütigen Pausen, hauptsächlich nachts, betrieben wurden, erreichte diese Einrichtung eine Temperatursenkung von bis zu 4ºC, nämlich von 32ºC auf 28-29ºC. **Dieser Ventilator hat bei AliExpress etwa 15 Euro gekostet.**

Im Sommer verdunstet das Aquarienwasser schnell. Mit dieser Kühlmethode erfolgt die Wasserverdunstung etwas schneller. Vergessen Sie nicht, regelmäßig Wasser nachzufüllen.

WIE FÜLLT MAN WASSER INS AQUARIUM, WENN ES VERDUNSTET IST?

Das Wasser, das wir hinzufügen, sollte MINERALFREIES WASSER sein (mit dem niedrigstmöglichen ppm-Wert), vorzugsweise destilliert (aber nicht notwendig). **Sehr niedrig mineralisiertes Wasser oder Osmosewasser funktioniert auch. WARUM?** Wenn Aquarienwasser verdunstet, bleiben alle gelösten Stoffe darin zurück; sie verdampfen nicht. Folglich steigen die Konzentrationen von GH und anderen Stoffen stetig an.

9.5 WASSERPARAMETER: GELÖSTER SAUERSTOFF UND GELÖSTES KOHLENDIOXID

Wenn Sie den ersten Teil dieses Buches gelesen haben, werden Sie sich an unsere Empfehlung erinnern, bei der Auswahl eines Aquariums zu berücksichtigen, dass hohe, schmale Aquarien eine kleinere Wasseroberfläche bieten als kurze, breite Becken. Wir haben erklärt, dass **die Wasseroberfläche der Ort ist, an dem der Gasaustausch stattfindet**: Sauerstoff (O2) gelangt ins Wasser und Kohlendioxid (CO2) entweicht. Unabhängig davon, ob Ihr Aquarium eine größere oder kleinere Wasseroberfläche hat, benötigen Sie möglicherweise zusätzliche Geräte, um sicherzustellen, dass Ihr Ökosystem genügend Sauerstoff erhält.

Ein Sauerstoffmangel kann zum Ersticken der Fische führen, was bei starker oder längerer Belastung Krankheiten oder sogar den Tod verursachen kann. Ein Überschuss an CO2 (insbesondere in mit CO2 bepflanzten Aquarien) kann bei den Fischen ebenfalls eine Azidose hervorrufen, die zu Schläfrigkeit und einem Gefühl des Erstickens führt. In beiden Fällen scheinen die Fische an der Oberfläche zu "keuchen", was dazu führen kann, dass sie versuchen, aus dem Becken zu entkommen, indem sie aus dem Wasser springen.

Vergiftungen, wie eine übermäßige Menge an Nitraten oder Ammonium, können auch dazu führen, dass die Fische an der Oberfläche keuchen oder ihre Atemfrequenz erhöhen.

FAKTOREN, DIE O2 VERRINGERN UND/ODER CO2 IN IHREM AQUARIUM ERHÖHEN

- **Kleinere Austauschfläche** in engen und hohen Aquarien.
- Im Sommer und bei **hohen Wassertemperaturen** nimmt das gelöste O2 im Wasser ab.
- **Vorhandensein einer "Biofilm"-Schicht auf der Oberfläche** des Aquariums (manchmal bildet sich ein dünnes, weißliches "Netz" aus Proteinen und Bakterien auf der Wasseroberfläche, was den Gasaustausch erschwert). Dies wird durch ein Übermaß an Nahrung und organischem Material im Aquarium verursacht.
- **Übermäßiger Einsatz von CO2** in bepflanzten Aquarien.
- **Statische Wasseroberfläche** (erhöht die "Wasseroberflächenspannung", eine physikalische Eigenschaft des Wassers, die den Gasaustausch behindert).
- **Überbevölkerung der Tiere** im Aquarium, die den O2-Verbrauch und die CO2-Produktion erhöht.

Früher glaubte man, dass eine große Anzahl von Pflanzen auch den O2-Gehalt im Wasser senken könnte, da sie nachts O2 verbrauchen würden. Dies ist jedoch ein Irrglaube.

Nachdem wir nun die möglichen Ursachen identifiziert haben, lassen Sie uns die Lösungen untersuchen.

WIE KANN MAN DEN GASAUSTAUSCH UND DEN GELÖSTEN SAUERSTOFF IM WASSER VERBESSERN?

- **Senken Sie die Wassertemperatur** im Sommer mit Hilfe von Ventilatoren.
- **Verwenden Sie eine "Venturi-Effekt"**-Filter-Wasserauslass-"Flöte" (schließt die Luft durch Ausnutzung der Wasserbewegung ein).
- **Heben Sie den Filterauslass auf die** Höhe der Aquarienoberfläche an. Dadurch wird das Wasser "aufgewühlt", die Oberflächenspannung verringert und die Austauschfläche vergrößert. Seien Sie vorsichtig, da Tropfen aus dem Aquarium spritzen können und das Geräusch der Wasserbewegung für manche Menschen störend sein kann.

- **Um die Biofilmschicht zu entfernen**, verwenden Sie ein Einlaufrohr mit einem "Oberflächen Abschäumer".

- **Wenn Sie CO2 verabreichen, dann tun Sie es in Maßen und** stellen Sie sicher, dass die Pflanzen es in ausreichendem Maße aufnehmen können.

- Achten Sie auf Innenfilter mit einem Wasserauslass mit Venturi-Effekt, der Luft von der Oberfläche ansaugt und sie mit dem Wasser vermischt.

- **Investieren Sie in eine Luftpumpe oder einen Belüfter.** Eine Sprudelpumpe ist die effektivste Lösung für dieses Problem. Ziehen Sie den Einsatz als vorbeugende Maßnahme in Betracht, indem Sie die Luftblasen als dekoratives Element einsetzen. Sauerstoffmangel ist ein weit verbreitetes Problem, und wenn die Symptome auftreten, ist wahrscheinlich schon ein erhebliches Defizit vorhanden.

In stark bepflanzten Aquarien kann es vor allem nachts zu Problemen kommen. Tagsüber reichern die Pflanzen das Wasser mit Sauerstoff an, aber in der Nacht kann es zu Sauerstoffmangel kommen. Es kann sein, dass die Fische morgens an der Oberfläche nach Luft schnappen. Die ultimative Lösung ist die Anschaffung einer **Luftpumpe (mit einem Timer, der sie in den Stunden einschaltet, in denen das Licht aus ist).**

Die Hauptfunktion eines Belüfters besteht darin, für einen ausreichenden Austausch von Sauerstoff und Kohlendioxid aus dem Wasser in die Luft zu sorgen.

Jede Luftblase, die in das Aquarium eintritt, tauscht über die gesamte Blasenoberfläche Gase mit dem Wasser aus, wodurch **die Austauschfläche erheblich vergrößert wird.**

Zusätzlich enthalten Belüfter in der Regel einen "Diffusor" (das grau-schwarze Objekt in der Abbildung), der die Anzahl der Luftblasen erhöht und ihre Größe verringert, wodurch der Austausch weiter verbessert wird (bei gleichem Luftvolumen vergrößern wir die Austauschfläche).

Wir empfehlen Ihnen, einen Belüfter zu wählen, der Ihren Vorlieben entspricht. Ein diskreter und effektiver Belüfter ist die **"Itian Aquarium Luftpumpe"** (auf dem Bild zu sehen). Sie können jedoch auch eine andere wählen. Wenn Ihr Aquarium größer als 200 Liter ist, ist diese Luftpumpe möglicherweise nicht ausreichend.

Großartig!

Wir haben gerade die direkten Eingriffe behandelt, die wir an unserem Wasser vornehmen können, um seine Qualität zu verbessern: GH, pH-Wert, Temperatur, Sauerstoffgehalt...

Als nächstes besprechen wir andere indirekte Maßnahmen (Filter, Filtermaterial, Reinigung und Pflege des Aquariums, Auswahl geeigneter Arten usw.), um toxische Substanzen wie Ammoniak, Nitrite und Nitrate zu kontrollieren und zu eliminieren.

Einiges davon haben wir bereits in den Kapiteln über "Filtration" besprochen: 3, 4, und 5. In diesen Kapiteln haben wir die Bedeutung des Filters und des Filtermaterials hervorgehoben. Jetzt werden Sie verstehen, warum.

9.6 WASSERPARAMETER: AMMONIUM, NITRITE, NITRATE UND ANDERE SCHADSTOFFE

Neben den GH-, KH- und pH-Parametern müssen wir auch auf Substanzen achten, die die Wasserqualität beeinträchtigen und eine Gefahr für das Leben im Wasser darstellen können. Bevor Sie Produkte ins Aquarium geben, sollten Sie sicherstellen, dass sie für Fische, Wirbellose, Pflanzen und die wichtigen Bakterien, die das Gleichgewicht unseres Ökosystems aufrechterhalten, ungiftig sind. **Das einzige wesentliche Produkt, das Sie dem Wasser vor dem Einsetzen in das Aquarium hinzufügen müssen, ist ein Wasseraufbereiter. Unter idealen Bedingungen ist es nicht nötig, etwas anderes hinzuzufügen.**

Düngemittel, die von einigen Aquarianern für Pflanzen verwendet werden, können bei Überdosierung ebenfalls giftig sein. In einem bepflanzten Aquarium können beispielsweise Mikronährstoffdünger, die Metalle wie Kupfer enthalten, bei einer Überdosierung schädlich sein, insbesondere für wirbellose Tiere wie Garnelen.

Ein weiteres Produkt, das für den gelegentlichen Einsatz gerechtfertigt sein kann, sind Aquarienbakterien.

Kommen wir nun zum Thema dieses Abschnitts!

Wir werden die Toxine besprechen, die jeder Aquarianer verstehen und handhaben muss. **Diese Giftstoffe unterstreichen die Bedeutung unseres Filters und der Filtermaterialien: die stickstoffhaltigen Verbindungen - Ammonium, Ammoniak, Nitrite und Nitrate.**

WAS IST DER STICKSTOFFKREISLAUF?

Der Stickstoffkreislauf ist ein chemischer **Prozess, der von nitrifizierenden Bakterien unterstützt wird**. Sie wandeln das **hochgiftige Ammoniak/Ammonium** im Aquarium in Nitrite **(giftig)** und dann Nitrite in Nitrate **(weniger giftig)** um.

Ammoniak und Ammonium fördern das Algenwachstum und sind hochgiftig für alle Tiere in unserem Aquarium. Für Pflanzen sind sie jedoch **unbedenklich**, so dass wir sie bereits bei der Einrichtung des Aquariums einführen können. Ammoniak **entsteht bei der** Zersetzung von Fischfutterresten, Fischausscheidungen, toten Pflanzenblättern, verstorbenen Fischen und allen **anderen sich zersetzenden organischen Stoffen in unserem Aquarium.**

Nitrite sind ein Zwischenstadium im Zyklus und sind für Tiere giftig, während sie gleichzeitig das Algenwachstum fördern.

Nitrate, das **Endprodukt des Stickstoffkreislaufs, werden** entweder **von Pflanzen** oder Algen **verbraucht** oder **durch Wasserwechsel aus dem Wasser entfernt.** In hohen Konzentrationen können Nitrate auch für Tiere giftig werden. Sie werden **von Pflanzen gut aufgenommen** und können das Auftreten von Algen fördern, allerdings in einem viel geringeren Ausmaß als Ammoniak und Nitrite.

SCHEMA DES STICKSTOFFKREISLAUFS:

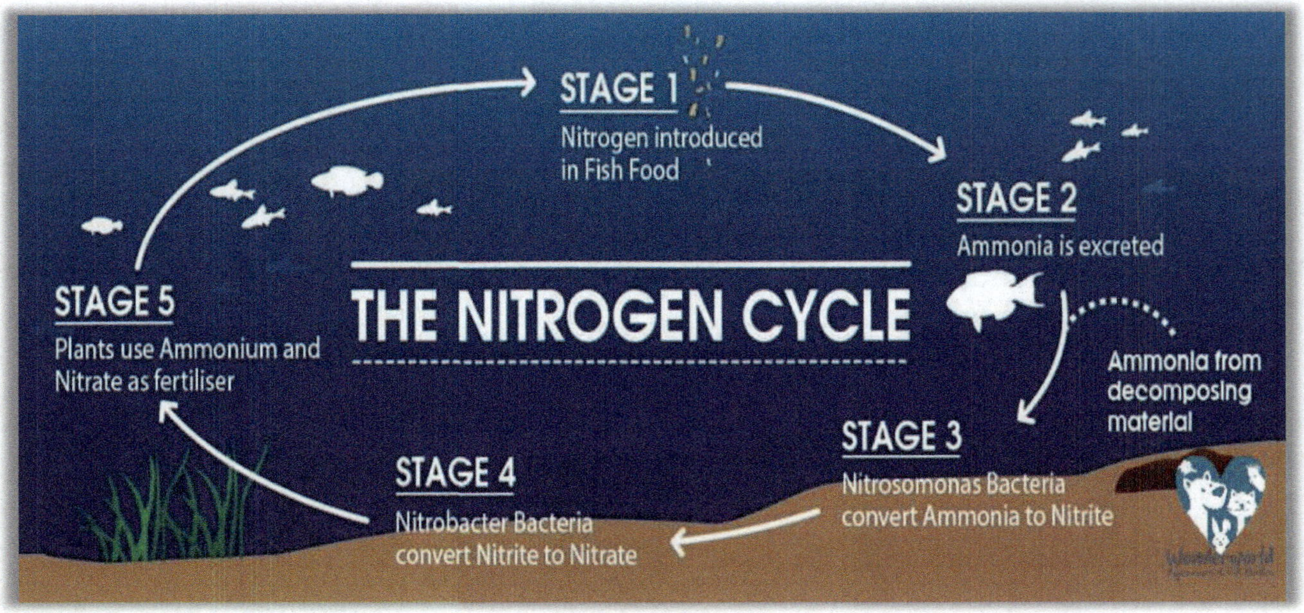

"Schema des Stickstoffkreislaufs"

Nitrate, das **Endprodukt des Stickstoffkreislaufs, werden entweder von Pflanzen oder Algen verbraucht oder durch Wasserwechsel aus dem Wasser entfernt.**

In unserer Diskussion über Filtermedien haben wir bereits chemische Filtermedien erwähnt. Aktivkohle und verschiedene chemische Filtermethoden können diese Nitrate und andere Substanzen effektiv beseitigen. Sie können in Aquarien ohne Pflanzen eingesetzt werden und verringern das Risiko von Algenwachstum und die Häufigkeit der Wasserwechsel. Ihre Verwendung ist jedoch mit anderen Überlegungen verbunden, die in Anhang 1 beschrieben werden. In Kapitel 10, das sich mit der Pflege des Aquariums befasst, geben wir Ihnen Tipps, wie Sie die Häufigkeit der Wasserwechsel reduzieren können.

Damit der Stickstoffkreislauf in unseren Aquarien funktioniert, brauchen wir Kolonien von nitrifizierenden Bakterien. Die Menge dieser Kolonien sollte der Ammoniumproduktion in unserem Aquarium entsprechen. Dies gewährleistet eine schnelle Verstoffwechselung ohne Akkumulation. Je mehr Tiere und Futter im Aquarium vorhanden sind, desto mehr Ammonium und Ammoniak gibt es, um die Bakterien zu "füttern" **und ihre Population allmählich zu vergrößern.**

Es ist wichtig zu verstehen, dass die Vermehrung der Bakterien schrittweise erfolgt (bis zu der von unserer Filteranlage festgelegten Grenze), wenn der Ammoniumgehalt im Wasser steigt. Wie wir später noch besprechen werden, können wir nach Abschluss des "Zyklus" nicht die gesamte Tierpopulation auf einmal in unser Ökosystem einführen. Es muss ein schrittweiser Prozess über mehrere Wochen sein. Und warum? **Weil die Bakterien im Ökosystem schrittweise und synchron mit dem Wachstum der Tierpopulation wachsen müssen.**

Die Bedeutung unserer Filteranlagen liegt in der Verteilung der nitrifizierenden Bakterien im gesamten Aquarium, im Substrat, in den Pflanzen und in der Wassersäule. **Die Hauptkonzentration und Vermehrung der Bakterienkolonien findet** jedoch **in den Poren des Filtermaterials statt. Daher hängen** die **maximale Anzahl der Kolonien und die höchste Umwandlungsrate von Ammonium und Nitrit in Ihrem Ökosystem hauptsächlich davon ab:**

- **Durchflussmenge des Filters.**
- **Die Kapazität des Filtermaterials.**
- **Menge und Qualität des biologischen Filtermaterials im Filter.**

WAS IST DES AQUARIENZYKLUS?

Jetzt, da Sie wissen, was der Stickstoffkreislauf ist, lassen Sie uns in den Aquarienkreislauf eintauchen. Beim **Aquarienzyklus geht es darum, den Stickstoffkreislauf in unserem Aquarium** im Verhältnis zur Ammonium- und Nitritproduktion in **Gang zu setzen**.

Ihre wichtigste Aufgabe ist es, zu warten, bis Ihr Aquarium, insbesondere der Filter, mit Bakterien besiedelt ist. Wenn Sie gerade erst ein Aquarium erworben haben, ist es nicht das, was Sie bevorzugen, einen Monat zu warten, bevor Sie Fische einsetzen. Diese Wartezeit ermöglicht es Ihnen jedoch, Pflanzen (falls zutreffend) und Fische für Ihr Aquarium sorgfältig auszuwählen oder bestimmte Projektdetails zu verfeinern.

ALLGEMEINE INFORMATIONEN ZUM AQUARIENZYKLUS

1. **Der größte Teil des Prozesses läuft automatisch ab. Geduld ist der Schlüssel**, zusammen mit kleinen täglichen Fütterungen des Aquariums.
2. **Der Prozess kann** so **beschleunigt werden**, dass er 2 bis 3 Wochen dauert und sogar **in weniger als 1 Woche** abgeschlossen sein kann**.**
3. Denken Sie daran, dass das **Wasser giftig wird, wenn Sie** Fische, Garnelen oder andere Tiere in ein **nicht recyceltes Aquarium** setzen. Die Wahrscheinlichkeit, dass die meisten oder fast alle Tiere sterben, ist sehr hoch. Im besten Fall überleben sie mit erheblichem physiologischen Stress. Fischarten, die empfindlich auf diese Gifte reagieren, oder wirbellose Tiere wie "neocaridina Garnelen" werden unter solchen Bedingungen wahrscheinlich nicht überleben.
4. In anderen Leitfäden werden verschiedene Tests zur Zykluskontrolle empfohlen:
    a. Nitrit-Test.
    b. b. Nitrat-Test.
    c. Ammonium-Test.

    Wir sind der Meinung, dass dies eine erhebliche Ausgabe und unnötig ist. Wenn Sie sich für einen Test entscheiden, empfehlen wir den Nitrat-Test (NO3). **Sobald Nitrate im Aquarium erscheinen, ist der Zyklus abgeschlossen.** Sie können ihn dann verwenden, um den Nitratgehalt im Aquarium zu messen.

5. **Wenn Sie es sich leisten können,** empfehlen wir Ihnen, 2 Produkte zu verwenden. Wenn Sie nur eines wählen können, entscheiden Sie sich für Bakterien.

a. **Verwenden Sie Bakterien, um den Zyklus des Aquariums einzuleiten.** Dadurch wird sichergestellt, dass das Aquarium in 3-4 Wochen durchlaufen ist, ohne dass ein Test erforderlich ist (es kann in weniger als 1 Woche durchlaufen werden).

b. **Verwenden Sie einen Nitrat (NO3)-Test**. Er hilft bei der Überwachung des Wassers **und bestätigt, dass der Zyklus abgeschlossen ist**. Später, wenn Probleme mit dem Aquarium auftreten, können Sie damit den Nitratwert überprüfen. In einem durchgespielten Aquarium sollten die Ammonium- und Nitritwerte 0 sein, so dass Sie diese nicht mehr überwachen müssen.

Das andere Extrem ist, blindlings vorzugehen, ohne irgendwelche Tests durchzuführen oder Bakterien zu verwenden, und den Prozess 45 Tage lang zu überwachen. Dies ist jedoch nicht die ratsamste Vorgehensweise, da das Risiko besteht, dass das Aquarium auch nach dem gesamten Zeitraum nicht recycelt ist.

WIE MAN DAS MACHT AQUARIENZYKLUS?

Der Zyklus beginnt mit dem Vorhandensein von Ammoniak oder Ammonium im Wasser. Im Laufe der Tage bilden und vermehren sich Kolonien von nitrifizierenden Bakterien, die den Ammoniak- und Nitritgehalt nach 30 bis 45 Tagen allmählich auf 0 reduzieren. Es gibt **zwei Möglichkeiten, den Zyklus einzuleiten (Ammoniak in das Wasser einzubringen): mit Fischflockenfutter** (das sich zersetzt und Ammoniak produziert) **oder durch direkte Zugabe von Ammoniak.**

Die direkte Zugabe von Ammoniak hat ihre Vorteile, vor allem, dass sie den Phosphatgehalt im Aquarium nicht erhöht (was das Algenwachstum fördert). Ein großer Nachteil ist jedoch, dass Sie einen Ammoniaktest kaufen müssen. Wir haben diese Methode zunächst in den Leitfaden aufgenommen, sie aber später wieder entfernt, da wir andere Optionen für effektiver und wirtschaftlicher hielten, sowohl was die Geschwindigkeit als auch die Effizienz betrifft.

Pflanzen können ohne Probleme gleich zu Beginn des Zyklus eingesetzt werden.

A. WIE KANN MAN DAS AQUARIUM MIT FISCHFUTTER VERSORGEN?

Vorausgesetzt, alles ist vorbereitet:

- Das Aquarium ist am Boden mit Substrat gefüllt.
- Der Filter und die Heizung (falls vorhanden) sind seit 24 Stunden in Betrieb.
- Die Dekoration kann während oder nach dem Radfahren hinzugefügt werden.
- Natürliche Pflanzen können je nach Wunsch vor, während oder nach dem Zyklus hinzugefügt werden.
- Sobald Sie Pflanzen eingesetzt haben, können Sie das Licht auf eine Zeitschaltuhr für Zyklen von 7-9 Stunden einstellen. Wenn Sie keine Pflanzen einsetzen, werden wir später besprechen, wann Sie das Licht einschalten.

Folgende Schritte sind zu beachten:

1. **Beginnen Sie** an dem Tag, an dem Sie das Aquarium füllen, **mit der Zugabe von Fischfutter** zum Wasser - 2-3 Flocken (oder eine entsprechende Menge eines anderen Fischfutters) alle 24 Stunden pro 100 Liter (4-5 Flocken für mehr als 200 Liter). Halten Sie dieses Verhältnis ein, wenn Ihr Aquarium ein größeres Volumen hat. **Fügen Sie die Flocken bis etwa zum 21**. Überschreiten Sie nicht die empfohlene Menge, da dies die Umstellungszeit verlängern statt verkürzen kann.
2. Testen Sie nach 30 Tagen die Nitrate. Sobald diese ansteigen, ist das Aquarium durchgewässert.

Wenn Sie sich entscheiden, dem Wasser Bakterien hinzuzufügen (wir werden gleich darauf eingehen), können Sie nach 7-10 Tagen einen Test durchführen. Bedenken Sie jedoch, dass die Kolonien zu diesem Zeitpunkt möglicherweise noch nicht groß genug sind, um mit dem Einsetzen von Fischen zu beginnen.

E. DIAGRAMM ZUR ENTWICKLUNG DES NATÜRLICHEN KREISLAUFS

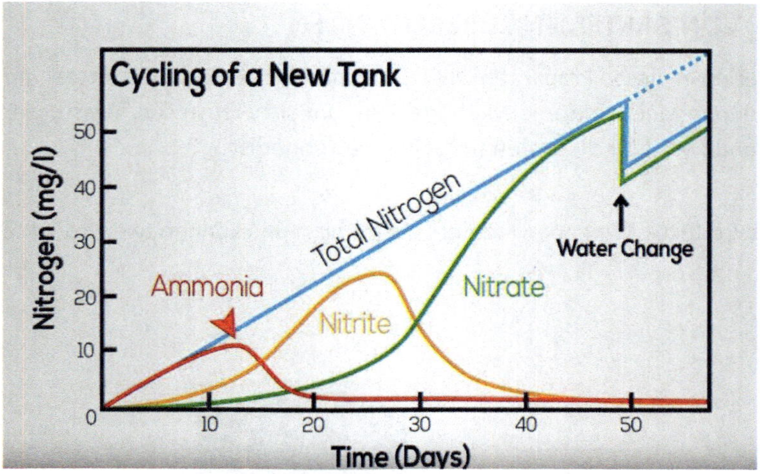

Nach etwa **21 Tagen** übersteigt die Nitritkonzentration im Wasser den Wert 0. Die Nitratkonzentration kann gleich oder größer als 0 sein. **Dies ist der Zeitpunkt, an dem Sie die Zugabe von Flocken** in das Aquarium **einstellen sollten**.

Nach dem Zyklus ist ein regelmäßiger Test unnötig (es sei denn, Sie haben sehr pflegeintensive Pflanzen), aber er kann nützlich sein, wenn Probleme auftreten.

"Natürlicher Kreislauf (ohne Bakterien oder andere Methoden)"

Denken Sie daran: Manche Menschen setzen Fische ein, um den Kreislauf im Aquarium in Gang zu bringen, aber das bedeutet für die Fische immensen Stress, Erstickungsgefühle, mögliche Krankheiten und schließlich den Tod. Es gibt bessere und schnellere Methoden.

F. WERTE AM ENDE DES STICKSTOFFKREISLAUFS

- **Der Ammoniakgehalt beträgt 0.**
- **Der Nitritgehalt beträgt 0.**
- **Der Nitratwert ist größer als 0.**

G. WAS TUN, WENN DIE NITRATEN NACH 30 TAGEN 0 BLEIBEN?

Wenn Sie dem Aquarium keine Bakterien zugesetzt haben, ist der Zyklus möglicherweise noch nicht abgeschlossen. **Wir empfehlen Ihnen, die Bakterien zu besorgen** und sie gemäß den Anweisungen des Herstellers einzusetzen. Betrachten Sie dies als den ersten Tag des Zyklus.

Wenn Sie dem Aquarium bereits Bakterien zugesetzt haben (die von uns empfohlenen oder eine andere zuverlässige Marke) und dies gemäß den Anweisungen des Herstellers getan haben **und 14-21 Tage vergangen sind**, während Sie die anderen von uns beschriebenen Schritte befolgt haben**, ist es sehr wahrscheinlich, dass Ihr Aquarium im Zyklus ist.** Jedes Problem könnte auf ein Problem bei der Verwendung des Tests zurückzuführen sein. Fahren Sie **in diesem Fall mit** den wöchentlichen Wasserwechseln fort und fügen Sie weiterhin Bakterien gemäß den Anweisungen des Herstellers hinzu. **Nach 4 Wochen beginnen Sie mit dem Einsetzen von Tieren.**

WIE LÄSST SICH DER STICKSTOFFKREISLAUF BESCHLEUNIGEN?

Um den Zyklus des Aquariums zu beschleunigen, haben wir zwei Möglichkeiten: den Kauf von Zyklusbakterien oder die Beschaffung von Kies oder biologischem Filtermaterial aus einem bereits zyklisierten und stabilen Aquarium. Wie lässt sich der Stickstoffkreislauf beschleunigen?

A. STICKSTOFFKREISLAUF HINZUFÜGEN VON BAKTERIEN ZUBEREITUNGEN

Die Erfahrung hat uns gezeigt, dass die Bakterien in diesen Präparaten NICHT den natürlichen Zyklus ersetzen, der in der Regel 30 bis 45 Tage dauert, aber sie können eine wirksame Methode sein, um sicherzustellen, dass unser Aquarium nach 4 Wochen vollständig zyklisiert und bereit für die ersten tierischen Bewohner ist.

Der Nachteil sind jedoch die Kosten für diese Produkte. Wir haben mehrere ausprobiert und können zwei Produkte empfehlen, die gute Ergebnisse erzielt haben:

Azoo plus Ultrabioguard

Microbe-Lift Spezialmischung

Unserer Erfahrung nach lagen die Ammonium- und Nitritwerte nach 7 bis 10 Tagen durchweg bei 0, was bedeutet, dass das **Aquarium in weniger als einer Woche eingerichtet werden konnte.** Nur weil der Zyklus abgeschlossen ist, heißt das noch lange nicht, dass das Aquarium sofort für Fische bereit ist. Die Bakterien brauchen Zeit, um sich zu vermehren, und abrupte Veränderungen in der Menge der sich zersetzenden Stoffe könnten das Aquarium destabilisieren und die Ammoniumkonzentration erhöhen.

B. WIE KANN MAN DIE ERNÄHRUNGSMETHODE MIT BAKTERIEN KOMBINIEREN?

Beginnen Sie damit, ab dem ersten Tag der Befüllung des Aquariums täglich 2-3 Flocken pro 100 Liter hinzuzufügen. Vier Tage nach der Befüllung fügen Sie die erste Dosis Bakterien gemäß den Anweisungen des Herstellers hinzu. Setzen Sie die Zugabe von Flocken bis Tag 14 fort. Wenn Sie die Tests haben, können Sie den ersten Test nach 14 Tagen durchführen. Höchstwahrscheinlich werden die Nitratwerte im Wasser > 0 sein. Obwohl sich das Aquarium im Zyklus befindet, ist die Bakterienpopulation noch klein. Wir empfehlen daher, sie sich mindestens bis Woche 4 (2 Wochen nachdem Sie die Zugabe der Flocken eingestellt haben) entwickeln zu lassen. **Wenn Sie unbedingt den ersten Fisch einsetzen möchten, können Sie dies in der ersten Woche tun, aber achten Sie auf eine schrittweise Einführung.**

Führen Sie nach 14 Tagen den ersten Wasserwechsel von 20-25% durch und fahren Sie mit wöchentlichen Wechseln (etwa 20-30%) fort. Nach 28 Tagen setzen Sie **die ersten Fische ein und fügen alle 2 Wochen weitere Fische**

hinzu. Vermeiden Sie es, zu viele Fische auf einmal einzusetzen, da ein Anstieg der sich zersetzenden organischen Stoffe die Fähigkeit der Bakterien, das gesamte Ammonium zu verarbeiten, überfordern kann, was zu einem potenziell toxischen Anstieg des Ammoniums im Aquarium führt. Weitere Einzelheiten zum Einsetzen der ersten Fische werden später in diesem Abschnitt besprochen.

In Kapitel 14: "Die Bewohner des Aquariums" behandeln wir die Auswahl der Arten und die Bestimmung der empfohlenen Höchstzahl an Fischen für Ihr Ökosystem.

Wir empfehlen, den Tag des Wasserwechsels zu nutzen, um neue Fische in das Aquarium einzusetzen. Sie können die vom Hersteller empfohlenen Erhaltungsdosen an Bakterien bei der Ankunft verabreichen (optional). Es ist zwar nicht notwendig, bei jedem Wasserwechsel Bakterien in das Aquarium zu geben, aber es kann von Vorteil sein, dies zu tun, wenn Sie neue Tiere in das Aquarium setzen oder den Filter reinigen.

Fazit zur Verwendung von Bakterien: Bakterien sind für den Zyklus oder die Pflege eines Aquariums **nicht unbedingt erforderlich**, trotz ihrer relativ hohen Kosten. Wenn Sie sich **jedoch** dafür entscheiden, in sie zu investieren, **sorgen sie dafür, dass das Aquarium nach 30 Tagen einen guten Kreislauf aufweist**. Nach diesem anfänglichen Zyklus können Sie sie weiterhin regelmäßig hinzufügen, wenn Sie neue Fische einsetzen, den Filter reinigen oder bei Problemen mit einem Übermaß an organischen Stoffen.

Alle Behauptungen, dass Sie ein Aquarium zyklisieren und 2 Tage nach dem Befüllen des Aquariums mit bestimmten zyklisierenden Bakterien sofort Fische einsetzen können, sind entweder falsch oder lassen wichtige Informationen aus. Es dauert länger, bis sie sich auf Ihrem Filtermaterial vermehren. **Wenn Sie in den ersten Tagen mit dem Einsetzen von Fischen beginnen, tun Sie dies schrittweise und nicht alles auf einmal.**

C. WIE KANN ICH EIN AQUARIUM MIT FILTERMEDIEN AUS EINEM ANDEREN AQUARIUM BEFÜLLEN?

Dies ist die schnellste Methode. Das Aquarium ist ab dem Zeitpunkt, an dem Sie "durchgewachsenes" biologisches Material aus einem anderen Ihrer Aquarien oder aus dem Aquarium eines anderen Partners einbringen, effektiv durchgewachsen. Wenn Sie über eine ausreichende Menge an biologischem Material verfügen, können Sie bereits am ersten oder zweiten Tag mit dem Einsetzen von Tieren beginnen (immer schrittweise). **Wie Sie Fische in Ihr Aquarium einsetzen, erfahren Sie im nächsten Abschnitt.**

Die Schicht der Filtermedien, in der sich die Kolonien der nitrifizierenden Bakterien befinden, ist die biologische Medienschicht. Wenn Sie etwa ein Drittel oder mehr der insgesamt benötigten Filtermedien beschaffen (gemäß unseren Empfehlungen), können Sie vom ersten Tag an einige Tiere einsetzen.

Wenn die Menge kleiner ist, beschleunigt dies den Zyklus, aber es wäre zu riskant, so früh Fische einzusetzen. Befolgen Sie in solchen Fällen die Schritte, die im vorherigen Abschnitt beschrieben wurden: Wie man die Flockenmethode mit Bakterien kombiniert, aber geben Sie keine weiteren Bakterien hinzu.

Wenn Sie Ihr Aquarium unbedingt zyklisieren möchten, können Sie zyklisiertes biologisches Material kaufen oder von lokalen Facebook- oder WhatsApp-Gruppen in Ihrer Umgebung ausleihen.

Es gibt auch Bakterien im Wasser, insbesondere im Substrat, die andere Ansätze ermöglichen:

- Mischen Sie Substrat aus einem bereits zyklisierten Aquarium mit neuem Substrat. Die Zugabe von mindestens 10-20% des gesamten Substrats wird den Zyklus beschleunigen und Sie können nach 4 Wochen mit der Zugabe von Fischen beginnen, indem Sie die Schritte im vorherigen Abschnitt befolgen: Wie man die Flockenmethode mit Bakterien kombiniert, aber ohne weitere Bakterien hinzuzufügen.
- Kombinieren Sie das neue Substrat mit ungewaschenem Flusssand und dem ursprünglichen Schlamm (dies ist der beste Weg, um krankheitserregende Mikroorganismen in unsere Aquarien einzuschleppen, **daher raten wir dringend davon ab).**

WIE SETZT MAN DEN ERSTEN FISCH IN DAS AQUARIUM EIN?

Sobald der Zyklus abgeschlossen ist, nutzen Sie den letzten Wasserwechsel, um die ersten Fische in das Aquarium einzusetzen. Mit 2-3 kleinen Fischen (weniger als 5 cm) oder 1-2 größeren Fischen pro 50 Liter zu beginnen, wäre eine angemessene Menge für den Anfang. Diese Zahlen sind ungefähre Angaben.

Wenn Sie Bakterien haben, verabreichen Sie die vom Hersteller empfohlene "Erhaltungsdosis" 24 Stunden nachdem Sie die Fische ins Wasser gesetzt haben. Alle 14 Tage, nach Wasserwechseln, können Sie diesen Vorgang wiederholen, um Fische hinzuzufügen, bis Sie die Gesamtzahl der Fische erreichen, die Sie in Ihrem Aquarium halten können und/oder wollen.

Wie bei den Fischen gilt auch für Garnelen und andere Tiere das Gleiche. Führen Sie sie immer schrittweise ein und beachten Sie dabei die Angaben zur Anzahl der neuen Bewohner, die Ihr Aquarium verträgt.

EMPFEHLUNGEN, DIE WÄHREND DES STICKSTOFFKREISLAUFS ZU BERÜCKSICHTIGEN SIND

Wenn Sie sich gegen einen Test entscheiden, was eine Option ist, und keinen Partner gefunden haben, der Filtermaterial zur Verfügung stellen kann, empfehlen wir Ihnen, das gesparte Geld für den Kauf von Aquarienbakterien zu verwenden. Wenn Sie den Ratschlag befolgen, den Zyklus mit Flocken + Bakterien durchzuführen, wird Ihr Aquarium in 1 Monat vollständig umgestellt sein. Wir können die Umstellung in 2 Phasen unterteilen**. Die erste Phase** beginnt, wenn das Aquarium gerade gefüllt ist, Ammonium vorhanden ist, aber noch keine Bakterien **und KEINE Nitrite**. **Die zweite Phase** beginnt, wenn sich die ersten nitrifizierenden Bakterien angesiedelt haben und die **Nitrite zu steigen beginnen.**

Wenn Sie einen Zyklus mit Flocken und ohne Zugabe von Bakterien durchführen, wird die erste Phase etwa 21 Tage dauern. **Wenn Sie Bakterien hinzugefügt haben, ist es NICHT notwendig, diesen Ratschlag in zwei Teile aufzuteilen**, sondern kann als allgemeine Empfehlung verstanden werden. Mit Bakterien würde die zweite Phase des Zyklus nach 5-7 Tagen oder weniger beginnen.

Hier sind unsere Empfehlungen für die beiden Phasen der Aquarienpflege:

1. PHASE. Bevor die Nitritwerte steigen:

- Schalten Sie die Beleuchtung nicht ein, es sei denn, Sie haben beschlossen, vom ersten Tag an zu pflanzen. Die Kolonien nitrifizierender Bakterien vermehren sich besser ohne Licht.

- Einige Ratgeber empfehlen, in dieser Phase keine Pflanzen hinzuzufügen. Unserer Erfahrung nach verzögert dies den Zyklus jedoch nicht. Außerdem ist es unwahrscheinlich, dass der Zyklus mit kleinen Pflanzen oder einer geringen Menge an Pflanzen ein Problem darstellt.
- Schalten Sie den Filter nicht aus (der Filter sollte immer eingeschaltet bleiben) und reinigen Sie ihn nicht. Während des Zyklus des Aquariums siedeln sich Bakterien im Filter an, so dass eine Reinigung diesen Prozess wahrscheinlich verlangsamen wird.
- Verwenden Sie keine Aktivkohle oder ein anderes chemisches Filtermedium, das Ammonium oder Nitrite entfernt.
- Sorgen Sie für eine gute Belüftung des Wassers. Nitrierende Bakterien sind aerob und wachsen am besten unter gut belüfteten Bedingungen. Im vorherigen Abschnitt haben wir besprochen, wie Sie das Aquarium effektiv belüften können.
- Halten Sie eine Temperatur von 24 bis 26°C aufrecht, die für die Vermehrung der nitrifizierenden Bakterien optimal ist. Wenn es sich um ein Kaltwasseraquarium handelt und es Winter ist, ist der Kauf eines Heizers nicht notwendig. Der Prozess wird zwar langsamer ablaufen, aber das Aquarium wird trotzdem einen Zyklus durchlaufen.

2. PHASE. Die Nitrite beginnen zu steigen (ca. 21 Tage); es gibt bereits Bakterien, die Ammoniak in Nitrite umwandeln:

- Fügen Sie kein weiteres Flockenfutter hinzu. Die Flocken, die Sie heute zugeben, brauchen 10-14 Tage, um sich zu zersetzen. Sie werden also die Bakterienpopulation noch mindestens 14-21 Tage lang erhöhen, nachdem Sie aufgehört haben, die Flocken zu füttern (so lange dauert es, bis die ersten Fische kommen).
- Wenn Sie geplant hatten, einige natürliche Pflanzen in Ihr Aquarium einzubringen und dies noch nicht getan haben, könnte dies ein guter Zeitpunkt sein. Sie helfen dabei, das restliche Ammoniak/Ammonium zu beseitigen und unterstützen die zweite Gruppe von Bakterien bei der Umwandlung von Nitriten in Nitrate, wodurch der Nitratabbau beginnt.
- Falls Sie es noch nicht getan haben, schalten Sie die Beleuchtung ein, auch wenn Sie keine Fische oder Pflanzen haben. Unser Ökosystem benötigt abwechselnde Licht- und Dunkelperioden. Die optimale Photoperiode für Aquarienpflanzen liegt bei mindestens 7-10 Stunden pro Tag (für tropische Fische und Pflanzenaquarien können 12-14 Stunden geeignet sein, aber bedenken Sie, dass das Licht in der Natur in der Morgen- und Abenddämmerung nicht so intensiv ist). Wenn Sie keine Pflanzen haben, wäre ein ähnlicher Lichtzyklus von 7-9 Stunden, allerdings mit geringerer Lichtintensität, ausreichend.
- Führen Sie den ersten Wasserwechsel durch. Beginnen Sie mit wöchentlichen Wasserwechseln von 20-30% des Aquarienwassers (anfangs empfohlen, aber wie wir später besprechen werden, sind Wasserwechsel bei einem guten Bestand an gesunden natürlichen Pflanzen kaum notwendig).

WAS TUN, WENN DER STICKSTOFFKREISLAUF ENDET?

Mit dem Nitrat-Test können Sie die Nitratwerte im Aquarium überwachen. Idealerweise **sollte er bei 10 mg/l liegen, wenn Sie Pflanzen haben, und bei 0 mg/l, wenn Sie keine Pflanzen haben**. Wir empfehlen, dass sie **immer unter 30 mg/l liegen sollten. Wenn Sie Neocaridin-Garnelen haben, ist es besser, sie unter 20 mg/l zu halten**. Wenn Sie die von uns beschriebenen Schritte befolgt haben, können Sie auf jeden Fall mit dem Einsetzen Ihrer Fische beginnen, ohne irgendwelche Tests durchzuführen.

9.7 WASSER: AKTUELLE TIPPS

Neben den GH-, KH- und pH-Parametern müssen wir auch auf Substanzen achten, die die Wasserqualität beeinträchtigen und für Wasserorganismen giftig sein können.

Leitungswasser kann auch unterschiedliche Konzentrationen von Zink und Kupfer enthalten. Es ist wichtig zu wissen, dass diese Metalle im Trinkwasser in Konzentrationen vorhanden sein können, die **für unsere Fische und Wirbellosen giftig sein können**. Im Allgemeinen ist die Toxizität von Metallen in weichem, saurem Wasser stärker ausgeprägt als in hartem, alkalischem Wasser.

Bestimmte Wasseraufbereiter für Aquarien enthalten EDTA, einen wirksamen Metallchelator, der die kurzfristige Toxizität mildert. Pflanzen können einen langfristigen Schutz bieten.

MAẞNAHMEN ZUR REDUZIERUNG DER METALLTOXIZITÄT

Hier finden Sie eine Liste von Maßnahmen, die Sie umsetzen können:

- Verwenden Sie **Umkehrosmose Wasser** für den Wasserwechsel (bedenken Sie, dass dies zu sehr weichem Wasser führt, was **möglicherweise eine Salzzugabe** oder eine Mischung mit Leitungswasser **erforderlich macht**).
- Verwenden Sie **Conditioner**, die Metallchelatoren wie EDTA enthalten.
- Verwenden Sie die Torf-Filtration, die H+ (säuert das Wasser an) gegen Metallionen (zusätzliche Komplexität) austauscht.
- Erhöhen Sie die Wasserhärte, da Kalzium die Organismen vor Metallen schützt.
- **Pflegen Sie ein bepflanztes Aquarium**, indem Sie das Wachstum der Pflanzen fördern und sie bei Bedarf beschneiden, um Überschuss zu vermeiden.
- Lassen Sie Huminstoffe aus der Zersetzung verstorbener Pflanzen sich ansammeln.

Zu den Handlungen, die die Metalltoxizität verstärken können, gehören:

- **Wasserwechsel,** die Huminsäuren entfernen. Wenn das Leitungswasser mit Metallen verunreinigt ist, kann jeder Wasserwechsel mehr einbringen.
- **Düngen Sie die Pflanzen.**
- **Mit Oberflächenabschäumung und Aktivkohle,** die auch diese zersetzten Stoffe aus den Pflanzen entfernen.

***Sie sind bereits mit allen notwendigen Parametern vertraut*!**

Die angemessene Verwaltung dieser Parameter gewährleistet ein völlig gesundes und ausgewogenes Ökosystem. *Diese Parameter dienen als Grundlage für alle Ihre zukünftigen Projekte.*

In Zukunft werden Sie vielleicht neue Parameter verwalten müssen, wie z.B. Pflanzennährstoffe (Nitrate, Phosphate, Kalium usw.), erweiterte Kenntnisse über GH/KH-Salze für ganz bestimmte Fisch- oder Wirbellosenarten, Filtermaterialien mit spezifischen Eigenschaften und vieles mehr.

Mit dem Wissen, das Sie soeben erworben haben, wird alles wesentlich einfacher für Sie sein.

10 AUTOMATISIERUNG, WARTUNG UND PFLEGE VON AQUARIEN

Bevor wir uns dem Hauptthema dieses Abschnitts widmen (der Pflege des Aquariums), möchten wir betonen, wie wichtig es ist, Routineabläufe im Aquarium zu automatisieren. Es ist nicht nötig, Zeit damit zu verbringen, die Lampe oder die Luftpumpe manuell ein- und auszuschalten. Wir können auch die Fütterung mit automatischen Futterautomaten automatisieren. Abgesehen davon, dass Sie sich weniger Sorgen machen müssen, kommt die Automatisierung dem Ökosystem des Aquariums zugute, da sie Routineabläufe für Pflanzen und Tiere einführt, was letztendlich zu ihrer Stabilität beiträgt.

10.1 VERWENDEN SIE ZEITSCHALTUHREN: AUTOMATISIEREN SIE, WAS AUTOMATISIERT WERDEN KANN.

Timer helfen dabei, einen Zeitplan für unser Aquarium aufzustellen. Sie sorgen dafür, dass Fische und Pflanzen, wie andere Lebewesen auch, eine Routine mit Ruhe- und Aktivitätsphasen haben. **Außerdem vergessen Zeitschaltuhren nie.**

1. Verwenden Sie eine Zeitschaltuhr für das Licht: Es ist wichtig, eine Zeitschaltuhr zu haben. Es sind LED-Lampen mit Zeitschaltuhr erhältlich, oder Sie können eine solche separat kaufen. Wir empfehlen 7-10 Stunden Licht pro Tag. Wenn Sie die Lichtintensität so einstellen können, dass sie den Sonnenaufgang und den Sonnenuntergang nachahmt, können Sie die Dauer verlängern. Denken Sie daran, dass tropische Fische und Pflanzen in ihrem natürlichen Lebensraum normalerweise 12-14 Stunden Licht erhalten. Wenn Sie keine Pflanzen haben, reduzieren Sie die Lichtintensität, aber halten Sie die Beleuchtungsdauer bei 7-9 Stunden.
2. **Wenn Sie** im Sommer **einen Ventilator zur Kühlung** des Aquariums **haben**, schließen Sie ihn an eine Zeitschaltuhr an, um die Betriebsstunden an die Wassertemperatur anzupassen (wie im Kapitel Temperaturmanagement erklärt: 9.3).
3. **Wenn Sie eine Luftpumpe haben**, können Sie sie je nach Bedarf 24 Stunden am Tag laufen lassen oder sie an eine Zeitschaltuhr anschließen. Wenn Sie zum Beispiel Pflanzen haben, können Sie sie nachts anschließen, da sie in dieser Zeit keinen Sauerstoff produzieren. Wenn Sie das Wasser mit Sauerstoff anreichern wollen, können Sie die Pumpe in 30-Minuten-Intervallen ein- und ausschalten.

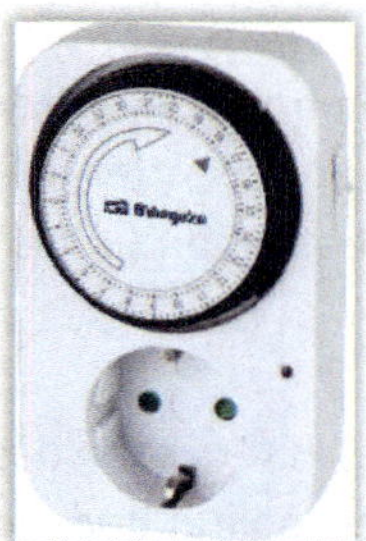

4. **Verwenden Sie Timer für alle programmierbaren Aktionen.**
5. Für den Urlaub oder den täglichen Gebrauch sind **automatische Futterautomaten** sehr nützlich. Achten Sie darauf, dass Sie einen auswählen, der eine genaue Dosierung des Futters ermöglicht. Wir haben gute Erfahrungen mit "Autofood" von JBL gemacht.

Denken Sie daran: Der Filter und die Heizung müssen IMMER eingeschaltet bleiben.

Es gibt sowohl digitale als auch analoge Zeitschaltuhren. Im Allgemeinen sind analoge Zeitmesser preiswerter, einfach zu bedienen und sehr langlebig. Sie haben die Wahl zwischen vielen Optionen - wählen Sie die kostengünstigste oder diejenige, die Ihren Vorlieben entspricht. Wie immer bietet AliExpress preisgünstige Optionen, wenn Sie bereit sind zu warten. Amazon bietet ein gutes Preis-/Leistungsverhältnis. Sie können diese Zeitschaltuhren in fast jedem Geschäft finden, sowohl online als auch vor Ort.

VERGESSEN SIE NICHT DIE STECKDOSENLEISTE MIT EINEM VERLÄNGERUNGSKABEL UND MEHREREN STECKERN. Kaufen Sie keine mit weniger als 6 Steckern, es sei denn, Sie beabsichtigen, mehr als eine zu kaufen.

Wir möchten Ihnen auch Steckdosenleisten mit mehreren Steckdosen und Wifi-Controller vorstellen. Sie können die Zeitpläne mit Ihrem Mobiltelefon programmieren und sie benötigen weniger Platz.

In diesem Szenario sind Timer nicht mehr notwendig.

Sie finden sie für etwa 20 Euro auf AliExpress. Zu diesem Preis ist das eine überzeugende Option, vor allem, wenn man bedenkt, dass die Kosten vergleichbar sind mit dem separaten Kauf einer Steckdosenleiste mit mehreren Zeitschaltuhren. Es könnte auch bequemer sein, als die Zeitpläne manuell einzustellen.

Ein erheblicher Nachteil ist, dass sich einige dieser Geräte bei einem Stromausfall in Ihrem Haus zurücksetzen und alles abschalten können, selbst wenn der Strom wiederhergestellt ist. Es ist ratsam, den Filter und das Heizgerät separat an eine normale Steckdose oder eine Steckdosenleiste anzuschließen, damit dies in Ihrer Situation nicht passiert.

10.2 TÄGLICHE PFLEGE DES AQUARIUMS

1. **An- und Ausschalten der Beleuchtung:** Die Aquarienbeleuchtung sollte 7-9 Stunden lang eingeschaltet sein, und der Ein- und Ausschaltzyklus sollte jeden Tag gleichmäßig sein.

2. **Prüfen Sie die Temperatur:** Da es heutzutage Heizgeräte auf dem Markt gibt, ist es ganz einfach, die Temperatur im idealen Bereich zu halten. Ihre Aufgabe ist es, die Temperatur gelegentlich, jeden Tag oder alle paar Tage, mit einem Thermometer zu überprüfen, um sicherzustellen, dass die Heizung richtig funktioniert und angeschlossen ist.

3. **Sommer:** Wenn der Sommer naht, werden Sie feststellen, dass die Temperatur (je nach Region) ohne den Heizer in den idealen Bereich fällt. Sie können ihn abschalten und bis zum nächsten Winter aus dem Aquarium entfernen. Wenn die Temperatur 28°C übersteigt, ist es an der Zeit, den Ventilator zu installieren und zu betreiben (in den meisten Ökosystemen).

4. **Stellen Sie sicher, dass die Filter und die Luftpumpe funktionsfähig sind:** Ein längerer Ausfall des Filters kann das Aquarium destabilisieren. Mit der Zeit sammeln sich Giftstoffe an, die sich negativ auf die Wasserqualität und die Gesundheit Ihrer Fische auswirken. Außerdem benötigen nitrifizierende Bakterien Sauerstoff, um zu gedeihen. Wenn also der Durchfluss über einen längeren Zeitraum unterbrochen wird, könnte dies negative Auswirkungen auf die Bakterien haben (bis jetzt sind wir noch nicht auf Probleme mit stagnierendem Wasser über 2 oder 3 Tage gestoßen). Ein stark bepflanztes Aquarium kann die Funktion des Filters fast vollständig ersetzen und Probleme verhindern, selbst wenn der Filter ganz ausfällt.

5. **Füttern Sie den Fisch 2–3-mal am Tag:** Bieten Sie kleine Mengen an Futter an. Wenn Sie beobachten, dass Ihr Fisch das Futter schnell aufnimmt und weiter frisst, können Sie etwas mehr anbieten.

Es ist wichtig, mit dem Irrglauben aufzuräumen, dass Fische nur einmal am Tag oder alle paar Tage gefüttert werden sollten. Tropische Fische fressen NICHT unnötig. Wenn Sie sie überfüttern, nehmen sie das überschüssige Futter nicht auf, so dass sich Reste ansammeln. Andererseits fressen Kaltwasserfische wie Goldfische, die ihrem saisonalen Zyklus in der Natur folgen, in den warmen Monaten besonders viel.

Zusätzlich zum Trockenfutter können Sie Lebend- und Frostfutter wie Artemia, Daphnien, rote Mückenlarven usw. anbieten, die in Zoohandlungen erhältlich sind. Alternativ können Sie sie auch selbst aufziehen.

***Deutliche Anzeichen für eine Überfütterung sind**: trübes Wasser, übelriechendes Wasser und Futterreste, die sich am nächsten Tag am Boden absetzen.*

10.3 WÖCHENTLICHE PFLEGE DES AQUARIUMS

1. **Absaugen des Aquariums:** Sie können den Wasserwechsel nutzen, um die Reste der sich zersetzenden organischen Stoffe vom Boden des Aquariums abzusaugen. Bei bepflanzten Aquarien (mit Wurzeln im Substrat) ist dies möglicherweise nicht notwendig, da die Pflanzen die sich zersetzenden Stoffe nutzen können, um sich selbst zu ernähren und das Substrat über ihre Wurzeln mit Sauerstoff zu versorgen.

2. **Wasserwechsel:** Um Nitrate zu entfernen und verbrauchte Stoffe wieder aufzufüllen, ist es im Allgemeinen ideal, wöchentliche Teilwasserwechsel durchzuführen, die 20-30% des gesamten Aquarienwassers ausmachen. Es ist möglich, bepflanzte Aquarien monatelang ohne Wasserwechsel zu pflegen, da die Pflanzen die Abfälle herausfiltern, um sich zu ernähren und zu wachsen. Wir werden dies weiter besprechen, wenn wir uns mit den Pflanzen beschäftigen.

3. **Nachfüllen von verdunstetem Wasser**: Wenn Sie aufgrund von Verdunstung Wasser in das Aquarium einfüllen, achten Sie darauf, dass es MINERALFREIES WASSER ist (oder nur minimale Mineralien in Teilen pro Million hat). Idealerweise ist destilliertes Wasser geeignet (aber nicht notwendig), aber auch schwach mineralisiertes Wasser oder Osmosewasser ist ausreichend. WARUM? Wenn Aquarienwasser verdunstet, verdampfen die gelösten Stoffe nicht. Folglich steigen die Konzentrationen von GH und anderen gelösten Stoffen im Wasser allmählich an. WICHTIG: Wenn Sie sich für destilliertes Wasser entscheiden, stellen Sie sicher, dass es frei von Zusätzen ist.

4. **Algenentfernung von Glas (aus ästhetischen Gründen):** Es gibt verschiedene Instrumente wie Magnete oder Schaber, um Algen vom Glas zu entfernen. Letztendlich ist die einfachste und effektivste Methode (für kleinere Aquarien), eine Kreditkarte oder einen ähnlichen Gegenstand als Schaber zu verwenden. Die Entfernung von Algen ist in erster Linie ästhetisch; sie sind nicht schädlich für das Aquarium. Im Gegenteil, sie helfen dabei, Giftstoffe zu reduzieren. Wenn sie in großen Mengen und plötzlich auftreten, ist das ein gutes Zeichen dafür, dass etwas nicht stimmt. In gut bepflanzten Aquarien mit einem guten Bodengrund tritt dieses Problem möglicherweise nie auf.

10.4 ANDERE PFLEGE

Fall-spezifisch:

1. **Austausch des Vorfilters:** Alle 3-7 Tage, abhängig von der Abnahme der Filterleistung. **Wenn Sie einen Metallgitter-Vorfilter haben, ist es wahrscheinlich, dass die Reinigungsintervalle viel länger sind.**
2. **Filterreinigung:** Verwenden Sie **IMMER** Aquarienwasser für die Reinigung. Die Häufigkeit der Reinigung ist von Aquarium zu Aquarium sehr unterschiedlich und hängt von Faktoren wie dem Filtertyp, der Größe, der Anzahl der Fische, dem Vorhandensein von Pflanzen und mehr ab. Wir gehen weiter unten noch näher darauf ein, aber die Reinigungsintervalle können je nach Fall von Wochen bis zu Jahren reichen.
3. **Zugabe von Bakterien (falls vorhanden):** Wenn möglich, folgen Sie den Anweisungen des Herstellers und fügen Sie bei jedem Wasserwechsel Bakterien hinzu, um die Stabilität Ihres Aquarienwassers zu fördern. Sie sind jedoch NICHT unbedingt erforderlich.

Situationen, in denen Bakterien nützlich sein können:

- Wenn Sie innerhalb eines kurzen Zeitraums eine große Anzahl von Fischen in Ihr Aquarium setzen.
- Plötzlicher Anstieg der Zersetzung organischer Stoffe, der die Menge übersteigt, die unsere Filterung verarbeiten kann: Überbevölkerung, Überfütterung.
- Unbeabsichtigte Reduzierung der Filterbakterienpopulation aufgrund von Fehlern bei der Filterreinigung.

Pflege für bepflanzte Aquarien:

1. **Entfernen von unansehnlichen oder abgefallenen Blättern:** Aus ästhetischen Gründen. Abgestorbene Blätter sind auch Zersetzungsmaterial, das die Pflanzen nähren kann.

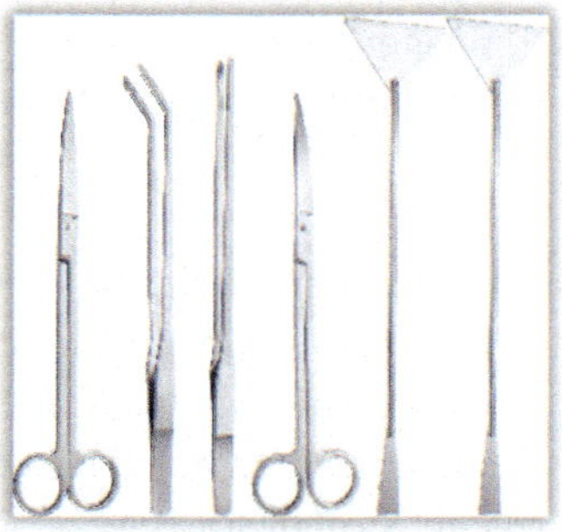

Wir raten davon ab, unnötig viel Geld für ein Baumschneide-Set auszugeben. Es gibt Optionen, wie die in diesem Bild gezeigte, aus rostfreiem Stahl, von hoher Qualität und zu einem Preis zwischen 12-17 Euro auf AliExpress.

2. **Wechsel der Leuchtstoffröhren (für bepflanzte Aquarien):** Die Röhren sollten alle 9-12 Monate gewechselt werden (bei bepflanzten Aquarien mit hohem Pflanzenbedarf). Auch wenn sie funktionstüchtig sind, lassen die Qualität und die Intensität des Lichts nach dieser Zeit nach. Wenn das Aquarium über mehr als eine Röhre verfügt, ist es ratsam, zunächst die eine und später die andere zu wechseln, um eine plötzliche Änderung der Lichtintensität zu vermeiden.

   Wenn Sie LED-Lampen haben, kann dieser Wechsel alle 2-4 Jahre oder öfter stattfinden.

3. **Düngung:** Dies ist sehr unterschiedlich und hängt von Faktoren wie der Art der verwendeten Nährstoffe, der Häufigkeit der Tests, der wöchentlichen oder täglichen Düngung und mehr ab. Wenn Sie ein nährstoffreiches Substrat aus dem Laden verwendet haben oder Ihr eigenes mit terrestrischem Pflanzensubstrat hergestellt haben, ist dies möglicherweise nicht notwendig. In den nächsten Kapiteln werden wir Ihnen Tipps und Video-Links geben, die für die Einrichtung eines bepflanzten Aquariums nützlich sind.

4. **Beschneiden:** Um Platz zu schaffen und es den Pflanzen zu ermöglichen, weiter zu wachsen, wobei sie giftige Substanzen im Wasser verbrauchen.

Denken Sie daran: Signifikante, abrupte Veränderungen im Aquarium können das Gleichgewicht des Ökosystems stören, das während der Zyklus- und Reifungsphase erreicht wurde.

Wenn Sie nur die Dekoration austauschen möchten, können Sie die Fische vorübergehend in ein Auffangbecken mit laufendem Filter umsiedeln, die neue Einrichtung einrichten und die Fische und Pflanzen wieder einsetzen. Ein kleines Ungleichgewicht wird wahrscheinlich keine größeren Probleme verursachen. Wenn Sie einen "Bakterienbehälter" zur Hand haben, können Sie ihn verwenden, um einige der verlorenen Bakterien wieder anzusiedeln

10.5 WASSERWECHSEL

Der Hauptzweck des Wasserwechsels besteht darin, giftige Substanzen zu entfernen, die nur auf diese Weise, mit speziellen Filtermaterialien oder durch den Einsatz von Pflanzen beseitigt werden können. **Der kritische Giftstoff, der regelmäßige Wasserwechsel erforderlich macht, ist Nitrat.** Wenn Sie Pflanzen haben, sind Wasserwechsel wichtig, um Mikronährstoffe aufzufüllen, wenn kein Nährstoffsubstrat verfügbar ist.

Zusätzlich zu den Wasserwechseln ist es ratsam, ungesunde Blätter abzuschneiden und das Substrat abzusaugen, um die Zersetzung organischer Stoffe zu reduzieren. Wenn Sie diese Aufgaben systematisch durchführen, können Sie zahlreiche Probleme in der Zukunft vermeiden. In stark bepflanzten Aquarien mit vielen Pflanzen, die im Substrat verwurzelt sind, kann eine solche Reinigung jedoch unnötig sein.

In einigen Regionen und zu bestimmten Zeiten des Jahres kann Leitungswasser hohe Nitratkonzentrationen aufweisen. Um dies zu vermeiden, reicht es aus, Wasser in Flaschen oder teilweise aufbereitetes Osmosewasser für den Wasserwechsel zu verwenden. Auch Pflanzen oder chemische Filterung können eingesetzt werden.

WIE WERDEN SIE HERGESTELLT?

Etwa 3 Wochen nach Beginn des Zyklus oder 14 Tage (wenn Bakterien verwendet wurden) führen Sie den ersten Wasserwechsel durch. Entfernen Sie 20-30% des Aquarienwassers und ersetzen Sie es durch neues, entchlortes Wasser, das auf die von Ihnen gewünschten ppm-Werte eingestellt ist (wie im Kapitel über Wasserparameter erklärt: 9.2). Beachten Sie außerdem die folgenden Punkte:

- Bereiten Sie das Wasser einige Stunden oder sogar Tage vorher in Flaschen oder Behältern vor (mindestens 10-15 Minuten) und fügen Sie den Conditioner hinzu (wir empfehlen PRIME von Seachem). Nach dem Wasserwechsel können Sie die Flaschen wieder auffüllen, den Wasseraufbereiter hinzufügen und haben sie dann für die nächste Woche bereit.

- HINWEIS: **Das TDS-Messgerät hilft nicht dabei, den GH-Wert des Wassers in unserem Aquarium abzuschätzen; es** schätzt nur den GH-Wert des Wassers, bevor Sie es in das Aquarium geben. Mit anderen Worten: Wenn das Wasser, das Sie während des Wasserwechsels hinzufügen, 150 ppm misst, wird die GH bei 8 liegen. Wenn der ppm-Wert Ihres Aquariums jedoch 150 beträgt, wird die GH nicht 8 sein, sondern aufgrund anderer gelöster Partikel, wie Nitrate, niedriger sein. Wenn Sie darauf bestehen, dass Ihr Aquarienwasser 150 ppm anzeigt, wird der GH-Wert wahrscheinlich zwischen 2 und 5 liegen.

- Fügen Sie aufbereitetes Wasser hinzu, das auf die entsprechenden ppm für die Arten in Ihrem Aquarium eingestellt ist.

Wenn Sie im Sommer verdunstetes Wasser aus dem Aquarium mit Osmosewasser oder Flaschenwasser mit sehr niedrigem Härtegrad auffüllen, kann sich der Härtegrad in Ihrem Aquarium allmählich erhöhen. Machen Sie sich keine Sorgen. Wenn Sie Ihren wöchentlichen Wasserwechsel beibehalten, wird diese Veränderung nicht signifikant sein. Wenn Wasser verdunstet, bleiben gelöste Moleküle im Wasser zurück.

WIE OFT SOLLTE DER WASSERWECHSEL DURCHGEFÜHRT WERDEN?

Die Häufigkeit des Wasserwechsels ist sehr spezifisch für jedes Aquarium und wird von zahlreichen Faktoren beeinflusst. Irgendwann werden Sie ein Experte für Ihr Aquarium sein und besser verstehen, wie oft Sie Wasserwechsel durchführen müssen. Bis dahin geben wir Ihnen Richtlinien an die Hand, die Ihnen eine grobe Vorstellung vermitteln und Ihnen helfen, die Häufigkeit des Wasserwechsels anzupassen.

FAKTOREN, DIE DIE HÄUFIGKEIT DES WASSERWECHSELS VERRINGERN

Es fällt auf, dass die Faktoren, die die Häufigkeit des Wasserwechsels reduzieren, dieselben sind, die auch die Nitratwerte im Wasser reduzieren, entweder vor oder nach ihrer Entstehung.

A. ALLGEMEINE EMPFEHLUNGEN

- **Bepflanzte Aquarien:** Pflanzen reduzieren Nitrate und viele andere giftige Substanzen im Wasser. Stark bepflanzte Aquarien mit gesundem Pflanzenwuchs können die Notwendigkeit von Wasserwechseln auf einmal alle paar Wochen oder sogar Monate reduzieren. Es ist jedoch wichtig zu wissen, dass Wasserwechsel auch dazu dienen, unsere Pflanzen mit Mikronährstoffen zu versorgen. Wenn Sie ein völlig inertes Substrat haben, werden Sie diese Wasserwechsel wahrscheinlich durchführen müssen.
- **Wenige Tiere und Fische:** Je weniger Fische, desto weniger Futter, weniger Ausscheidungen und längere Intervalle zwischen den Wasserwechseln aufgrund einer geringeren Nitratanreicherung.
- **Entfernung von organischen Stoffen:** Beschneiden, Entfernen von toten Blättern, verstorbenen Tieren, Absaugen des Aquariums während des Wasserwechsels usw. führen zu weniger zersetzenden organischen Stoffen und damit zu niedrigeren Nitratwerten.
- **Vermeiden Sie Überfütterung:** Es ist wichtig, die Tiere im Aquarium nicht zu überfüttern.
- **Richtige Verwendung von chemischen Filtern oder speziellen Filtermaterialien**: In Anhang 1 erklären wir Ihnen, wie Sie diese verwenden. Sie sind zwar nicht unbedingt notwendig, können aber die Pflege etwas erleichtern. Diese Techniken sind in erster Linie für Aquarien ohne Pflanzen gedacht.

A. BASSIERT AUF AQUARIENTYP

- **Pflanzenfreie Aquarien**: Bei solchen Aquarien ist ein wöchentlicher Wasserwechsel erforderlich, vor allem um Nitrate aus dem Wasser zu entfernen.
- **Aquarien mit Pflanzen:** In stark bepflanzten Aquarien, insbesondere in solchen mit einem nährstoffreichen Substrat (entweder speziell für bepflanzte Aquarien oder selbst hergestelltes Substrat), können die Intervalle zwischen den Wasserwechseln auf 2-3 Wochen oder länger ausgedehnt werden. Obwohl dies nicht empfohlen wird, korrigieren diese Wasserwechsel Fehler in der Mikronährstoffdüngung und beheben Überschüsse oder Mängel an Makronährstoffen, die wir bis jetzt noch nicht besprochen haben. Pflanzen

geben auch Hormone ins Wasser ab, um mit anderen Pflanzen und Algen im Aquarium zu konkurrieren; Wasserwechsel können helfen, diese Substanzen zu regulieren.

- **Aquarien mit chemischer Filterung oder Methoden zur Nitratreduzierung:** Auch wenn es ungewöhnlich ist, dass unser Aquarium nicht bepflanzt ist, benötigen wir keine Nitrate oder Phosphate für Pflanzen. Der richtige Einsatz einer chemischen Filterung kann die Wasserwechselintervalle erheblich verlängern, bis zu 3 Wochen oder sogar länger. Einzelheiten dazu finden Sie in Anhang 1.

10.6 WIE WIRD DAS AQUARIUM ABGESAUGT?

Suchen Sie nach einem YouTube-Video, das diesen Vorgang demonstriert. Es ist ganz einfach, und wenn Sie sich ein Video ansehen, wird es Ihnen klar. Die in dem Video gezeigten Siphons sind eine gute Option, und ähnliche Siphons sind günstig bei AliExpress erhältlich.

10.7 WIE OFT UND WIE SOLLTE ICH DEN AQUARIENFILTER REINIGEN?

Die biologischen Filtermedien sollten immer mit Aquarienwasser gereinigt werden. Die übrigen Filterkomponenten, einschließlich der mechanischen Filterung, können mit Leitungswasser gereinigt werden. Normalerweise sollte die Filterreinigung im Durchschnitt alle 2-3 Monate durchgeführt werden, aber diese Häufigkeit variiert je nach Einzelfall stark und reicht von weniger als einem Monat bis zu mehreren Jahren.

Der Zeitpunkt für die Reinigung des Filters ist ganz einfach zu bestimmen. Die meisten Filter haben einen Wasserdurchflussregler. Wenn die Durchflussmenge abnimmt, passen Sie sie an. Wenn Sie den Durchfluss bis zum Maximum erhöht haben und er immer noch um 30-40% reduziert ist, ist es an der Zeit, den Filter zu reinigen.

Wenn Sie sich für einen Vorfilter im Zulaufrohr entschieden haben, reinigen Sie ihn alle 3-7 Tage (wenn der Wasserausfluss nachlässt), insbesondere wenn es sich um einen Schaumstoffschwamm handelt. Dieser Filter kann auch mit Leitungswasser gereinigt werden. Wenn Sie einen Metall- oder Kunststoffgitter-Vorfilter verwenden, muss dieser möglicherweise wochen- oder sogar monatelang nicht gereinigt werden.

Denken Sie daran, dass biologisches Filtermaterial alle 2-3 Jahre ausgetauscht werden sollte, obwohl es in manchen Fällen bis zu 5 oder 10 Jahre halten kann. Wechseln Sie es schrittweise über mehrere Wochen hinweg aus, und zwar in Etappen über 30-60 Tage.

FAKTOREN, DIE DIE FILTERREINIGUNGSZEITEN VERLÄNGERN

- **Pflanzenfreie Aquarien:** Pflanzenreste gelangen nicht in den Filter und halten die Durchflussrate aufrecht.
- **Wenige Fische und andere Tiere:** Je weniger Fische, desto weniger Nahrung und organische Abfälle gelangen durch den Filter.
- **Entfernung von organischen Stoffen:** Beschneiden bei Bedarf, Entfernen von toten Blättern, verstorbenen Tieren, Absaugen beim Wasserwechsel usw.

- **Vermeiden Sie Überfütterung:** Überfüttern Sie die Tiere nicht.
- **Verwendung eines Vorfilters:** Mit einem Vorfilterschwamm wird verhindert, dass große organische Verunreinigungen in den Filter gelangen (allerdings müssen Sie diesen Schwamm häufig reinigen).

Herzlichen Glückwunsch!

Wenn Sie diesen Punkt erreicht haben, haben Sie große Fortschritte gemacht. Manche Kollegen brauchen Jahre oder werden einige der hier erläuterten Konzepte nie ganz begreifen. Sie sind bereits auf dem richtigen Weg, und dies bildet die Grundlage für alle Ihre Projekte.

Das Hauptziel liegt nun hinter uns, und wir werden in den folgenden Kapiteln nicht mehr allzu tief in die Materie einsteigen. Wir müssen jedoch noch wichtige Themen behandeln, wie zum Beispiel die Einbeziehung oder den Ausschluss von natürlichen Pflanzen in unserem Aquarium. ***Wir werden über Dekoration, bepflanzte Aquarien und Aquarienbewohner sprechen.***

11 DIE DEKORATION

Das Projekt, das Sie entwickeln möchten, wird die Entscheidungsfindung in vielen vorangegangenen Abschnitten erheblich beeinflussen, wie z.B. die Wahl des Beckens, des Filters und seiner angemessenen Größe, die Überlegung, ob Sie eine chemische Filterung verwenden oder nicht, die Anpassung der Wasserparameter an die Arten und die Anforderungen an die Beleuchtung, um nur einige zu nennen.

Lassen Sie uns die verschiedenen Optionen erkunden und loslegen!

Bei der Auswahl der Ausstattung Ihres Aquariums, insbesondere **wenn Sie kein bestimmtes Projekt wie ein Biotop im Sinn haben**, ist es wichtig, die gewünschten Fischarten zu berücksichtigen (Größe, tropisch, Kalt- oder Warmwasser usw.). Die **wichtigste Entscheidung ist** jedoch**, ob Ihr Aquarium Pflanzen beherbergen soll** und wenn ja, welche Art von Pflanzen und welche Anforderungen sie erfüllen müssen.

Und warum? Wenn Sie gut aufgepasst haben, werden Sie feststellen, dass bestimmte Entscheidungen davon abhängen, ob Ihr Aquarium Pflanzen beherbergen wird und welche Arten von Pflanzen Sie wählen. Einige der wichtigsten Überlegungen sind:

- **Beckengröße:** Die Größe des Beckens hängt von der Fischart ab, die Sie halten möchten. Aquarien für "Buntbarsche" oder "Goldfische" erfordern beispielsweise eine größere Mindestgröße als solche für "Salmler" oder "Rasboras". Wenn Sie sich außerdem für Pflanzen mit hohen Ansprüchen entscheiden, steigen die Kosten für die Ausstattung erheblich und verdoppeln sich fast, wenn Sie die Beckengröße verdoppeln.
- **Filter:** Stark bepflanzte Aquarien haben einen ständigen Umsatz an organischem Material. Gut gepflegte Pflanzen mit hohen Ansprüchen können schnell wachsen und den Ein- und Auslass des Filters verstopfen. Wenn Sie einen kleinen Filter haben, müssen Sie ihn häufiger reinigen. In stark bepflanzten Aquarien können gesunde Pflanzen jedoch die Nitrat- und andere Giftstoffwerte niedrig halten, ohne dass Sie auf einen großen Filter angewiesen sind. Stark bepflanzte Low-Tech-Aquarien können sogar manchmal ohne Filter auskommen (obwohl dies für Anfänger nicht zu empfehlen ist).
- **Beleuchtung**: Wenn Pflanzen nicht Teil Ihrer Einrichtung sind, ist eine minimale Beleuchtung für die Fische ausreichend. Sie können jedoch auch etwas mehr in RGB-LED-Beleuchtung investieren, um die Farben der Fische zu verstärken. Wenn Sie sich für Pflanzen entscheiden, ist eine angemessene Beleuchtung entscheidend für deren Wachstum. High-Tech-Anlagen mit Pflanzen, die hohe Anforderungen stellen, erfordern eine höhere Beleuchtungsintensität.
- **Wahl des Substrats:** Kapitel 7, "Substrate", enthält wichtige Informationen für diese Entscheidung. Zusammenfassend lässt sich sagen, dass inerter Kies sowohl für bepflanzte als auch für unbepflanzte Becken verwendet werden kann. Für eine bessere Entwicklung der Pflanzen gibt es jedoch bessere Substrate, die für Pflanzen mit hohen Ansprüchen empfohlen werden. Beispiele sind JBL Manado oder die Zubereitung eines selbstgemachten Nährsubstrats, das mit einer Schicht aus inertem Kies bedeckt ist (eine kostengünstige Option, wenn auch mit einem höheren Risiko für Anfänger).
- **Chemische Filterung:** Die chemische Filterung kann zwar Zeit sparen, da weniger Wasserwechsel erforderlich sind, ist aber im Allgemeinen nicht mit Pflanzen kompatibel.

Bedenken Sie, wie viel Zeit Sie zur Verfügung haben. Im Allgemeinen ist die Einrichtung und Pflege von bepflanzten Aquarien mit geringen bis mittleren Anforderungen teurer als die ihrer nicht bepflanzten Gegenstücke. Die Kosten für ein bepflanztes High-Tech-Aquarium sind deutlich höher und nicht mit anderen Arten von Aquarien vergleichbar. Mit zunehmender Komplexität des Aquariums, insbesondere bei bepflanzten High-Tech-Aquarien, nimmt auch der Zeitaufwand zu. Denken Sie daran, dass Pflanzen nicht der einzige Faktor sind, den Sie berücksichtigen müssen. Buntbarsche sind zum Beispiel im Allgemeinen teurer als tropische Fische.

Das am einfachsten zu pflegende Aquarium ist ein bepflanztes Aquarium mit geringen bis mittleren Ansprüchen unter Verwendung von selbst hergestelltem Substrat oder JBL Manado mit JBL AquaBasis. **Und warum?** Sobald sich das Ökosystem in etwa zwei Monaten stabilisiert hat und die Pflanzen ausreichend gewachsen sind:

- **Wasserwechsel** werden kaum notwendig sein.
- **Es sind keine zusätzlichen Düngemittel** erforderlich.
- **Es ist nicht nötig,** das Substrat **abzusaugen.**
- **Eine Filterreinigung** wird fast **nie** notwendig sein.
- Wenn Sie über die empfohlene Automatisierung verfügen (Licht, Belüfter, sogar einen Futterautomaten), besteht die **einzige wesentliche Aufgabe darin,** die Pflanzen alle 1-2 Wochen **zu beschneiden**, um ihr Wachstum zu fördern und die Klarheit des Wassers zu erhalten.

Vielleicht haben Sie bereits ein Projekt im Kopf. Wenn nicht, finden Sie zahlreiche Ideen auf YouTube, in sozialen Medien und auf verschiedenen Websites. Es gibt viele Videos und Bilder, in denen andere Enthusiasten ihre Projekte vorstellen - Kaltwasseraquarien, Tropenaquarien, mit oder ohne Pflanzen, mit Steinen oder einfach mit Aquascaping. Wir möchten Ihnen zwei gegensätzliche Beispiele für Aquarien vorstellen, um Ihnen einen Eindruck von dem Spektrum zu vermitteln:

Goldfisch-Aquarium: Ungefähr 240 Liter Volumen, eine einfache Einrichtung mit Quarzsand als Substrat, einem Qualitätsfilter und einer einfachen Beleuchtung. Es erfordert relativ wenig Pflege (wöchentlicher Wasserwechsel und Absaugen des Substrats) und erfordert nicht viel zusätzliche Ausrüstung (obwohl eine chemische Filterung hinzugefügt werden könnte), wodurch es relativ preiswert ist.

Bepflanztes Aquarium - "Aquascape nach holländischer Art" Inspiriert: Ein Becken von etwa 40-50 Litern mit Nährstofftests, Flüssigdünger, speziellen Substraten, CO2-Injektion, leistungsstarker Beleuchtung und mehr. Diese Einrichtung erfordert im Durchschnitt mindestens 7-10 Stunden pro Woche (von einer erfahrenen Person), um es unter perfekten Bedingungen zu halten. Es erfordert Ausdauer und technische Fähigkeiten, die mit der Zeit verfeinert werden müssen. Außerdem wären die Gesamtkosten für dieses Projekt etwas höher als beim vorherigen Beispiel, obwohl es nur 5-mal weniger Tankvolumen hat.

Es ist wichtig zu wissen, dass sich das Gesamtbudget für die Einrichtung eines Aquariums ungefähr verdoppelt, wenn das Wasservolumen verdoppelt wird.

Es gibt keine von Natur aus besseren oder schlechteren Projekte - jedes Projekt ist persönlich und passt zu jedem Einzelnen. Finden Sie heraus, was Ihnen gefällt, sammeln Sie Ideen und passen Sie es an Ihre Vorlieben an. Wir werden auf diese beiden Beispiele in Anhang 2 am Ende des Buches noch einmal zurückkommen, wo wir auf die jeweils notwendige Ausrüstung eingehen und die Kosten aufschlüsseln.

11.1 ALLGEMEINE TIPPS FÜR DIE DEKORATION

- Planen Sie die Dekoration und das Layout des Aquariums, indem Sie entweder Notizen machen oder eine einfache **Skizze** anfertigen, damit Sie nichts übersehen.
- Wenn Sie die Materialien bereits haben, **stellen Sie die Zusammensetzung außerhalb des Aquariums her** und führen Sie die notwendigen Tests durch, um Schäden an der Aquarienscheibe zu vermeiden**. Machen Sie zu Referenzzwecken ein Foto von dem Aufbau.**
- Achten Sie auf die natürlichen Neigungen der verschiedenen **Fischarten** und stellen Sie sicher, dass in der von Ihnen gewählten Einrichtung genügend **Versteckmöglichkeiten oder Ruhezonen vorhanden sind**.
- Passen Sie den Platz im Aquarium an die Arten an, die Sie beherbergen möchten, und **lassen Sie** je nach Bedarf **einige Bereiche frei** und undekoriert.
- Wenn Sie Pflanzen einsetzen, ordnen Sie sie nach Arten an und **platzieren Sie die höheren, flacheren Pflanzen nach hinten.** Dies schafft verschiedene visuelle Ebenen, verleiht Tiefe und hilft, Geräte wie Rohre und Kabel zu verbergen.
- **Vermeiden Sie es, Gegenstände** in das Aquarium zu **stellen**, die **nicht speziell für die Verwendung im Aquarium hergestellt oder vorbereitet wurden**, insbesondere Plastik, Keramik, Holz, Steine oder Glas.
- Seien **Sie vorsichtig mit scharfen Gegenständen**, um den Fischen keinen Schaden zuzufügen.
- Vermeiden Sie Gegenstände, die rosten können, denn Rost ist giftig.
- Wenn Sie Holz oder Steine verwenden, die Sie selbst gesammelt haben, konsultieren Sie spezielle Anleitungen, um die Eignung festzustellen und sie entsprechend vorzubereiten. Bestimmte Hölzer und Felsen können schädliche Mikroorganismen beherbergen.

- Die gleiche Vorsicht gilt für Steine. **Bestimmte Steine können die Wasserhärte erhöhen oder Metalle enthalten,** die für das Ökosystem Ihres Aquariums schädlich sein können. Informieren Sie sich in speziellen Anleitungen über die Eignung der Steine für Ihr Aquarium, bevor Sie sie in Ihr Aquarium einsetzen.

A. HOLZ

Alle Holzelemente in der Dekoration müssen vor der Verwendung vorbereitet werden. Eine Methode besteht darin, das Holz in einer 1% verdünnten Bleichlösung (geeignet für die Wasserdesinfektion) zu kochen und es dann ein oder zwei Wochen lang in einem Plastikbecken trocknen zu lassen. Weichen Sie es einige Tage vor dem Einsetzen in das Aquarium in Wasser ein, um zu verhindern, dass es im Aquarium schwimmt.

Hölzer von Ulmen, Kastanien, harzigen Bäumen und Rinde (außer Kork) sind jedoch giftig und sollten vermieden werden.

B. DEKORIERT MIT POLYURETHANSCHAUM

Dekorationen aus Polyurethanschaum sind einfach zu gestalten und zu schnitzen. Allerdings kann dieses Material im Laufe der Zeit giftige Substanzen freisetzen, so dass eine gründliche Härtung mit mehreren Schichten neutralen, lebensmittelechten Epoxidharzes erforderlich ist. Tragen Sie die Schichten mit einem Pinsel auf und lassen Sie zwischen den einzelnen Schichten einen Abstand von 24 Stunden. Streuen Sie eine Schicht trockenen, sauberen Sand auf die letzte Schicht des Harzes, bevor es vollständig trocknet.

Im nächsten Kapitel werden wir uns mit der Einrichtung eines bepflanzten Aquariums befassen, insbesondere mit solchen, die geringe Anforderungen stellen - eine Option, die wir aufgrund ihrer einfachen Einrichtung und Pflege am häufigsten empfehlen.

12 BEPFLANZTES AQUARIUM

Unser Ziel ist es, Sie mit umfassenden Informationen zu versorgen, damit Sie Ihre Reise mit einem bepflanzten Aquarium beginnen können, ganz gleich, ob es jetzt oder in Zukunft Ihr Interesse weckt. In diesem Buch geben wir Ihnen Einblicke in die wichtigsten Aspekte eines bepflanzten Aquariums. Wir möchten betonen, wie wichtig es ist, dass Sie sich von Anfang an Gedanken über die Wahl der Beleuchtung und des Substrats machen. Auf diese Weise können Sie Kosten sparen und spätere Reue vermeiden.

Was die Beleuchtung betrifft, so können Sie auf Kapitel 6 zurückgreifen. Zusammenfassend lässt sich sagen, dass wir für **Pflanzen mit geringen bis mittleren Ansprüchen** empfehlen:

- Eine LED-Lampe mit weißem Licht (kostengünstiger als farbige Lampen).
- Die A-Serie oder A-Plus-Serie von Chihiros Aquatic Studio könnte eine ausgezeichnete Wahl sein.
- Beleuchtung **zwischen 25-60 Lumen pro Liter.**
- Eine **Farbtemperatur von 6000-7000 K**.
- **RGBW- oder** RGW-Lampen werden immer beliebter. Sie sind zwar etwas teurer, aber sie heben die Farben von Pflanzen und Tieren hervor und ermöglichen eine individuelle Anpassung an Ihre Vorlieben.

Was das Substrat betrifft, so finden Sie eine Zusammenfassung unserer Empfehlungen in Kapitel 7. Wir schlagen Folgendes vor:

- **Vermeiden Sie die Verwendung von Sand** aufgrund seiner feinen Granulometrie.
- Wenn Sie bereit sind, für bessere Ergebnisse etwas mehr zu investieren, sollten Sie eine Kombination aus **Vulkangestein + JBL Aquabasis + JBL Manado in** Betracht ziehen.
- Für eine budgetfreundliche Option entscheiden Sie sich für Kieselerde oder Quarzkies mit einer Korngröße von 1-5 Millimetern.
- **Vermeiden Sie gekaufte Nährsubstrate mit Nitraten und Phosphaten für Aquarien mit geringer bis mittlerer Technik**, vor allem, wenn Sie keine Erfahrung mit deren Verwendung haben.
- Wenn Sie ein Aquarium bevorzugen, das mit nahrhaftem und dennoch **preiswertem Substrat** bepflanzt ist, können Sie es **selbst mit normalem Land-, Universal-, Pflanzen- oder Gartensubstrat** vorbereiten. **"Versiegeln" Sie es mit mindestens 2,5-3 cm inertem Kies.**

Was die Wasserparameter und die Pflege der einzelnen Pflanzenarten betrifft, empfehlen wir Ihnen, genau wie bei den Fischen, eine schnelle Google-Suche ("Pflege" + (Name der Art)), um Informationen über die spezifischen Pflegeanforderungen für jede Pflanze zu erhalten, die Sie halten möchten. Notieren Sie sich diese Details auf einem Blatt für die endgültige Pflanzenauswahl. Im Allgemeinen **bietet ein GH-Wert zwischen 5 und 20 und eine Temperatur zwischen 20 und 26ºC für die meisten Pflanzen geeignete Bedingungen.**

Im nächsten Abschnitt werden wir uns mit den verschiedenen Arten von bepflanzten Aquarien befassen, die auf den jeweiligen Pflanzenarten basieren und jeweils spezifische Bedingungen in Bezug auf Licht, Dünger und Substrat erfordern. Für einige kann dies den Erwerb zusätzlicher Produkte oder Geräte wie CO2-Anlagen erforderlich machen.

12.1 ARTEN VON BEPFLANZTEN AQUARIEN

Je nach der Art der Pflanzen, die wir in unserem Aquarium haben wollen, müssen wir ihnen bestimmte Bedingungen in Bezug auf Licht, Dünger und Substrat bieten. In einigen Fällen kann dies bedeuten, dass wir zusätzlich zum Substrat und zur Beleuchtung ein neues Produkt oder Gerät kaufen müssen, wie z.B. eine CO2-Anlage.

AQUARIEN MIT NIEDRIGEM ODER MITTLEREM TECHNISIERUNGSGRAD

"Low-medium tech Aquarium"

Wir werden Ihnen das bepflanzte Aquarium zeigen, das wir empfehlen und sehr häufig pflegen. Es zeichnet sich durch die Haltung einer **kleinen oder mäßigen Anzahl von Fischen aus, mit minimaler Filterung, Reinigung und Pflege** und mit einer großen Anzahl von gesunden Pflanzen und Mikroorganismen. Diese Aquarien werden mit mäßigem Licht und Nährstoffsubstraten gepflegt. Pflanzen mit geringen bis mittleren Ansprüchen passen sich sehr leicht an.

Low-Tech-Aquarien sind einfacher und billiger einzurichten und zu pflegen. Das liegt daran, dass sie alle Vorteile der natürlichen Prozesse nutzen. Zum Beispiel versorgen Bakterien und Fische (ohne Verabreichung von künstlichem CO2) die Pflanzen mit CO2. **Die Pflanzen helfen, Ammonium aus dem Wasser zu entfernen und die Fische zu schützen**. Und das Fischfutter und das Substrat versorgen die Pflanzen mit Nährstoffen**, ohne dass weitere Düngemittel hinzugefügt werden müssen.** Der häufigste Makronährstoffmangel, den wir in dieser Art von Aquarium haben, ist Kalium, aber das kommt nicht vor, wenn wir ein nahrhaftes Substrat haben.

Einige der Merkmale dieser Aquarien:

- **Sie brauchen wenig Pflege.** Sie können monatelang ohne Wasserwechsel gepflegt werden (bis zu 3-6 Monate oder sogar länger). Sie müssen nur das verdunstende Wasser ersetzen und überschüssige Pflanzen beschneiden.
- **Verhalten der Fische.** Eine größere Anzahl von kompatiblen Arten und wirbellosen Tieren wird koexistieren können, da die Pflanzen ihnen verschiedene Bereiche und Unterschlupfmöglichkeiten bieten. Wenn es sich bei den Pflanzenarten um die in den Regionen der Fische üblichen Arten handelt, wird ihr Verhalten zudem dem in der Natur vorkommenden ähneln.

A. WIE PROFITIEREN PFLANZEN VON UNSEREM AQUARIUM?

In Aquarien **erhöhen sowohl Fische als auch Bakterien kontinuierlich den Ammoniumgehalt**, wenn sie Nahrung und organische Stoffe verstoffwechseln. Glücklicherweise bevorzugen unsere Pflanzen (und Algen) Ammonium als Stickstoffquelle und nicht Nitrat. Leute, die kein Interesse daran haben, Pflanzen in ihren Aquarien zu halten, ersetzen die Arbeit der Pflanzen durch häufige Wasserwechsel, das Reinigen und Absaugen von Kies oder Sand und die Verbesserung der Filterung. Wenn Sie den **Pflanzen** jedoch **eine Chance geben, kann das Wasser auf natürliche Weise gereinigt werden und der Aufwand des Aquarianers verringert werden.**

1. **Sie schützen Fische, indem sie Ammoniak (NH3) entfernen.** Pflanzen entfernen weiterhin Ammonium aus dem Wasser, auch wenn sie Stickstoff im Substrat oder Nitrate im Wasser haben. Das liegt daran, dass **sie eine Vorliebe für den Ammoniumverbrauch haben.**
2. **Sie schützen Fische und andere Tiere, indem sie Metalle aus dem** Wasser **entfernen**. Schwermetalle können sie töten, aber sie können auch die Fortpflanzung und den Appetit hemmen. Pflanzen entfernen Metalle wie Blei, Cadmium, Kupfer, Zink und Eisen aus dem Wasser.
3. Kontrolle des Algenwachstums. Ein **gutes Pflanzenwachstum hemmt das Algenwachstum**. Wie sie das tun, ist nicht klar. Wir wissen jedoch, dass sie eine große Menge an Chemikalien produzieren, die für Algen giftig sein können. Außerdem **entfernen** sie **Eisen aus dem** Wasser, was wahrscheinlich ebenfalls zur Algenbekämpfung beiträgt.
4. **Stabilisiert den pH-Wert.** Die Photosynthese ist eine säureverzehrende Reaktion.
5. **Sie erhöhen die biologische Aktivität im Aquarium.** Viele Mikroorganismen (Bakterien, Protozoen, Pilze, Algen usw.) leben nicht frei im Wasser, sondern sind an Oberflächen gebunden. Pflanzen, **insbesondere Schwimmpflanzen, sind das ideale Zuhause für zahlreiche Mikroorganismen**, die Nährstoffe recyceln und das Ökosystem unseres Aquariums stabilisieren.
6. **Versorgen Sie das Wasser mit Sauerstoff. Obwohl Luft** dem Wasser **wahrscheinlich mehr Sauerstoff zuführt** als Pflanzen (Luftpumpen, Filterauslässe mit Venturi-Effekt, usw.).
7. **Sie entfernen CO2 aus dem Wasser**. Überschüssiges CO2 (wie auch Sauerstoffmangel) kann bei Fischen zu Atemstillstand führen (wir können sie dann keuchend an der Oberfläche finden).
8. **Sie verhindern, dass das Substrat giftig wird.** Pflanzen halten das Substrat gesund und es muss nur selten abgesaugt werden (Siphon).
9. Huminsäuren aus sich zersetzenden Pflanzen verringern die Toxizität von möglichen Schwermetallen im Wasser.

B. FAKTOREN, DIE DAS PFLANZENWACHSTUM BEEINFLUSSEN

Wir stellen diese Faktoren in der folgenden Liste vor:

1. **Nährstoffe:** Leitungswasser, Nährstoffsubstrat und Fischfutter können alle Nährstoffe liefern, die Pflanzen benötigen. **CO2 ist wahrscheinlich der begrenzende Faktor** für das Pflanzenwachstum in den meisten Aquarien. Für Aquarien mit **weichem Wasser (GH <4) ist** es wichtig zu wissen, dass die Pflanzen einen **Mangel an "Hartwassernährstoffen" (Ca, Mg, K und S) haben** können.
2. **Algenbekämpfung: Pflanzen können nicht effektiv wachsen, wenn sie von Algen überwuchert werden**, die ihre Blätter bedecken, den Gasaustausch behindern und **die verfügbaren Nährstoffe im Wasser verbrauchen.**
3. **Fruchtbare Substrate:** Theoretisch können Wasserpflanzen alle Nährstoffe aus dem Wasser beziehen. In der Praxis **sind Kiessubstrate** jedoch **nicht so effektiv wie Nährstoffsubstrate. Nährstoffreiche Substrate verschaffen den Pflanzen den Vorteil, den** sie brauchen, um zu gedeihen und die Algen zu verdrängen.
4. **Bakterien:** Bestimmte Bakterien wandeln organisches Material in CO2 und andere Nährstoffe um, die Pflanzen verwerten können.
5. **Aufstrebendes Pflanzenwachstum:** Wasserpflanzen, die Zugang zu Luft haben, wachsen besser als solche, die vollständig untergetaucht sind. Verbessertes Wachstum ermöglicht eine effiziente Wasserfiltration.
6. **Angemessenes Licht:** Die richtige Beleuchtung ist entscheidend für das Pflanzenwachstum.
7. **Pflanzenarten:** Verschiedene Pflanzenarten können unterschiedlich auf die Bedingungen in Ihrem Aquarium reagieren (Licht, Substrat, Wasserchemie, CO2 und sogar die Anwesenheit anderer Pflanzenarten). **Wir empfehlen, eine Vielzahl von Pflanzenarten einzusetzen**, um die Erfolgsaussichten Ihres Aquariums zu erhöhen. Nicht alle werden sich anpassen, aber das erhöht die Erfolgschancen.
8. **Wechselwirkungen zwischen Nährstoffen: Ein Überschuss an einem Nährstoff kann die Aufnahme eines anderen Nährstoffs behindern**. So kann ein Überschuss an Mn, Zn oder Cu bei Pflanzen einen Fe-Mangel hervorrufen, selbst wenn genügend Fe im Wasser vorhanden ist.
9. **Mäßige Wasserbewegung: Eine** mäßige Wasserbewegung **kommt den Pflanzen zugute**, da sie einen schnelleren und effizienteren Transport von CO2 und anderen Nährstoffen zu den Blättern ermöglicht. Eine übermäßige Wasserbewegung kann die Photosynthese verringern, die Pflanzen mechanisch belasten und dem Wasser durch übermäßige Oberflächenbewegung möglicherweise CO2 entziehen (dies ist jedoch vernachlässigbar und kann durch die Verwendung einer Luftpumpe problemlos ausgeglichen werden). Eine Wasserbewegung von 2 cm/Sekunde könnte zum Beispiel geeignet sein, aber das werden Sie mit Ihrer Erfahrung noch verfeinern.
10. **Präferenzen bei der Nährstoffaufnahme: Pflanzen bevorzugen die Aufnahme von Phosphat aus dem Substrat über die Wurzeln**, während Kalium und Ammonium aus dem Wasser aufgenommen werden. Viele Pflanzenarten bevorzugen Ammonium als Stickstoffquelle gegenüber Nitraten. Hohe Ammoniumwerte können jedoch das Wachstum hemmen und sich als giftig für Tiere erweisen. Wir raten daher davon ab, Ammonium in Aquarien zu verwenden, obwohl einige Marken kleine Mengen in ihren High-Tech-Aquariendüngern enthalten.

C. WIE DÜNGT MAN EIN LOW-TECH-AQUARIUM?

Wenn Ihr Aquarienwasser NICHT sehr weich ist und Sie nährstoffreiches Substrat verwenden, **sorgen Sie einfach dafür, dass Ihre Fische gut gefüttert werden und beschränken Sie die Reinigung und den Wasserwechsel auf das** Notwendigste. Algen auf den Kristallen sollten bei Bedarf entfernt werden. Gelegentlich ist es ratsam, **etwas Kalium hinzuzufügen**, obwohl dieses Element normalerweise in Ihrem Fischfutter und Substrat vorhanden ist und **keine zusätzliche Düngung erfordert**. Künstliche Dünger sind im Allgemeinen nur für Aquarien mit künstlichem CO2 (High-Tech) und/oder Aquarien mit sehr weichem Wasser erforderlich.

Drei wichtige Punkte, die Sie sich merken sollten:

1. Wenn Ihr **Aquarium bepflanzt ist** und die Fische oder anderen Tiere das Aquarium nicht überfüllen, können Sie **die Filterkapazität des Filters reduzieren.**
2. **Sehr weiches Wasser (GH < 6 - 8) ist** aufgrund eines Mangels an "harten Wassernährstoffen" **NICHT ideal** für Pflanzen.
3. Wenn Ihr **Aquarienwasser hart ist**, beachten Sie, dass Pflanzen wie **Fuchsschwanz, Elodea und Vallisneria** in Ihrem Aquarium gedeihen können.

D. KOHLENDIOXID (CO2) IN UNSEREM AQUARIUM

Seen und Flüsse enthalten fast immer mehr gelöstes CO2 im Wasser, als aus dem Gleichgewicht mit der Luft allein **zu erwarten wäre**. Das zusätzliche CO2 entsteht durch die Zersetzung von organischem Material im Wasser. Viele Wasserpflanzen könnten ohne diese zusätzliche CO2-Zufuhr in der Natur nicht überleben. Wasser im Gleichgewicht mit der Luft enthält 0,5mg/l CO2, **aber viele Pflanzen benötigen eine höhere CO2-Konzentration.**

Die Entscheidung, ob künstliches CO2 die **wirtschaftlichen Kosten und den erhöhten Schwierigkeitsgrad** in der Handhabung wert ist, **ist eine persönliche** Entscheidung. Im Allgemeinen **wachsen die Pflanzen durch die Zugabe von CO2 deutlich besser, da es oft der begrenzende Nährstoff ist**.

Künstliches CO_2 bedeutet jedoch **auch, dass Sie mehr Zeit in Ihr Aquarium investieren müssen**. Wenn Ihr Aquarienwasser zum Beispiel sehr weich ist, müssen Sie wahrscheinlich Natriumbikarbonat oder Kalziumkarbonat hinzufügen, um zu verhindern, dass der pH-Wert des Wassers bei der Verabreichung von CO_2 zu weit absinkt, was für die Fische schädlich sein könnte.

Wenn dem Aquarium kein künstliches CO_2 zugeführt wird, stammt das **CO_2 aus der Zersetzung von Fischfutter und organischem Material im Substrat sowie** aus der **Atmung der Fische**. Wenn Sie sich für diese natürliche Methode der CO_2-Zufuhr entscheiden, **versuchen Sie, den CO_2-Verlust im Aquarium zu minimieren.** CO_2 ist von Natur aus gasförmig und geht verloren, wenn die Wasseroberfläche aufgewühlt wird oder wenn "Belüfter" verwendet werden, um die Sauerstoffversorgung zu verbessern. Ein Gleichgewicht bei der Bewegung der Wasseroberfläche ist entscheidend, um eine gute Sauerstoffversorgung für Ihre Fische zu gewährleisten und gleichzeitig den CO_2-Verlust zu minimieren. Ein Überschuss an CO_2 oder ein Sauerstoffmangel kann dazu führen, dass die Fische an der Oberfläche "keuchen", insbesondere am frühen Morgen. Dieses Symptom kann jedoch auch andere mögliche Ursachen haben. **In der Praxis gibt es keinen klaren Unterschied, ob Sie Luftpumpen verwenden oder nicht.** Setzen Sie sie bei Bedarf ein, vor allem in den wärmeren Jahreszeiten.

Hier sehen Sie eine Illustration eines bepflanzten Aquariums **mit mittlerem Beleuchtungsbedarf und KEINEM Bedarf an CO_2:**

"Medium-tech Aquarium"

Wir überlassen Ihnen eine Tabelle mit der Beleuchtungsstärke, die für jede Art von Pflanzen erforderlich ist:

	LOW-TECH	MEDIUM-TECH	HIGH-TECH
LED-Aquarium	30-40 lm/Liter	40-60 lm/Liter	>80 lm/Liter
Fluoreszierendes Aquarium	20 lm/Liter	30 lm/Liter	>50 lm/Liter

Natürlich **können Sie Pflanzen mit geringen Ansprüchen in Aquarien mit reichlich Beleuchtung, Düngung und CO2 platzieren, aber NICHT andersherum.** Pflanzen mit mittleren Ansprüchen können auch in Aquarien mit geringer Beleuchtung eingesetzt werden, aber bedenken Sie, dass ihr Wachstum möglicherweise nicht optimal ist und Sie nicht in den vollen Genuss dieser Art von Pflanzen kommen werden.

B. HIGHTECH-AQUARIEN

"High-tech-Aquarium"

High-Tech-Aquarien erfordern die meisten Ressourcen, sowohl **in Bezug auf die Ausrüstung** (CO2-System, Beleuchtung, Dünger, Substrate, Werkzeuge, Filteranlagen usw.) **als auch in Bezug auf Zeit und Hingabe**. Sie sind auch mit einer beträchtlichen finanziellen Investition verbunden, die von Aquarien ohne Pflanzen über Low-Tech-Aquarien bis hin zu High-Tech-Aquarien schrittweise ansteigt.

Mit den bereitgestellten Informationen und mit Hilfe der Videos unserer Kollegen können Sie mühelos beginnen und natürliche Pflanzen in Ihr Aquarium einführen.

12.2 GRUNDLAGE FÜR DIE EINRICHTUNG EINES AQUARIUMS MIT NIEDRIGER BIS MITTLERER TECHNIK

Inzwischen verfügen Sie bereits über alle notwendigen Informationen, um diese Art von Aquarium einzurichten. Wir geben Ihnen jedoch einen kleinen Vorgeschmack auf das, was Sie im letzten Kapitel sehen werden. **Dies ist die Art von Aquarium, die wir oft empfehlen und mit der wir am meisten zufrieden sind. Zusammengefasst:**

1. **FISCHE:** Wählen Sie idealerweise Arten, deren **ausgewachsene Größe mit der Kapazität des Aquariums übereinstimmt**. Es ist schwierig, größere Fische wie "Oscars" oder "Plecostomus" in einem Heimaquarium unterzubringen. Für Aquarien mit einem Fassungsvermögen von 40-80 Litern sollten Sie Arten wie "Colisa Lalia", kleine "Salmler", "Zwergbuntbarsche", "Neonsalmler", "Kardinalsalmler" oder "Danios" in Betracht ziehen. Andere Arten wie "Skalare", "Schmerlen", "Kongosalmler" und "Regenbogenfische" können in Aquarien von 150 Litern oder mehr gedeihen. **Alle diese Fische sind verträglich und leicht in einem bepflanzten Aquarium zu pflegen.**

   Wir **raten** dringend **davon ab, neue Fische in ein bestehendes Aquarium zu setzen.** Gelegentlich kann ein neuer Fisch, unabhängig von seiner offensichtlichen Gesundheit, Krankheiten einschleppen oder sich störend auf die vorhandenen Bewohner auswirken. Eine Alternative ist, ein Quarantäneaquarium für neu erworbene Fische einzurichten. Die empfohlene Quarantänezeit beträgt mindestens 2 Wochen. **Im Idealfall sollte das Einsetzen neuer Fische eher die Ausnahme als die Regel sein.**

   Die Behandlung kranker Fische, insbesondere in etablierten oder ausgewachsenen Becken, kann eine Herausforderung darstellen. Eine Antibiotikabehandlung ohne eine genaue Diagnose ist oft unwirksam und möglicherweise schädlich für das Ökosystem. Wenn eine Behandlung für notwendig erachtet wird, **ist es ideal,** den betroffenen Fisch **zur Behandlung** in ein **separates Becken zu setzen.**

2. **LICHT:** Die richtige Beleuchtung für ein bepflanztes Aquarium kann verwirrend sein, aber die Informationen in den vorangegangenen Kapiteln sollten Ihnen bei der Auswahl helfen. Wie bereits erwähnt, ist es ratsam, direktes Sonnenlicht zu vermeiden, da es schwer zu kontrollieren ist und das Algenwachstum fördern und die Wassertemperatur erhöhen kann.

3. **PFLANZENAUSWAHL: Die** Auswahl von Pflanzen, die in Ihrem Aquarium gut gedeihen, ist von grundlegender Bedeutung, um ein natürliches, bepflanztes Aussehen zu erzielen. Ein gesundes Pflanzenwachstum trägt zur Wasserreinigung, zum Schutz der Tiere und zur Algenbekämpfung bei. **Einige Pflanzen, wie der Amazonas-Schwertfisch, gedeihen in hartem Wasser besser als in weichem Wasser**. Die **Bepflanzung einer Vielzahl von Arten** kann Ihnen dabei helfen, diejenigen zu identifizieren, die zu Ihrer Aquarienumgebung passen.

Diejenigen, die sich schwer tun, werden möglicherweise nicht überleben, während die Pflanzen, die gut gedeihen, gut gedeihen werden.

Für Anfänger ist es ratsam, **teure Pflanzen wie "Anubias" und "Bucephalandra" zunächst zu vermeiden.** In der Regel sind **teure** Pflanzen schwer zu pflegen oder **wachsen nur langsam. Günstigere Pflanzen hingegen wachsen schnell** und **können Ihr Aquarium** unter günstigen Bedingungen **in einen üppigen Garten verwandeln, an dem Sie sich erfreuen können.**

Zusammenfassend lässt sich sagen, dass es für Anfänger oder diejenigen, die ein bepflanztes Aquarium einrichten möchten, **ratsam ist, sich für eine Vielzahl von erschwinglichen Pflanzenarten zu entscheiden und herauszufinden, welche davon in Ihrem speziellen Aquarium am besten gedeihen.**

Grundlegende Tipps zur Pflege:

a. **Fütterung:** Eindeutige Anzeichen für eine Überfütterung sind trübes oder übel riechendes Wasser und Futterreste auf dem Boden am nächsten Tag.
b. **Wasserwechsel:** In gut eingerichteten Aquarien sind seltene Wasserwechsel erforderlich. In einem gut bepflanzten, reifen Aquarium sollte ein Wasserwechsel von 25-30% alle 3-6 Monate ausreichen, sofern keine Probleme auftreten.
c. **Kiesreinigung:** In bepflanzten Aquarien ist die Reinigung des Kieses unnötig, da sie die Erneuerung der verbrauchten Nährstoffe behindert. Gesunde Pflanzen, die im Substrat verwurzelt sind, machen eine Kiesreinigung überflüssig.
d. **Filter und Wasserbewegung: Eine** mäßige Wasserbewegung fördert die Nährstoffversorgung der Pflanzen, die Sauerstoffversorgung der Fische und Bakterien sowie eine gleichmäßige Wärmeverteilung. Eine übermäßige Filterung ist für gut bepflanzte Aquarien nicht unbedingt von Vorteil.

Hier ist eine Liste mit pflegeleichten Aquarienpflanzen für Sie:

- **Langsames Wachstum:** Javafarn (Microsorum pteropus), Anubias (Anubias spp.), Javamoos (Taxiphyllum barbieri), Cryptocoryne (Cryptocoryne spp.)

- **Schnelles Wachstum:** Hornkraut (Ceratophyllum demersum), Vallisneria (Vallisneria spp.), Elodea najas, Ambulia (Limnophila sessiliflora), Hygrophila (Hygrophila spp.).

- **Schwimmpflanzen:** Wasserlinse (Lemna minor), (Salvinia natans), (Limnobium laevigatum)

Diese Pflanzen eignen sich perfekt für jedes Aquarium. Sie sind widerstandsfähig und vertragen eine breite Palette von Wasserbedingungen. Sie erfordern keine fortgeschrittenen gärtnerischen Fähigkeiten. Sie bieten ästhetische Vorteile und tragen zum Gleichgewicht des Ökosystems in Ihrem Aquarium bei. **Es gibt noch viele andere Pflanzen, die wir nicht erwähnt haben.** Sie können im Internet leicht mehr Informationen über sie finden und sie sind in fast jedem Aquariengeschäft erhältlich.

13 DAS ENDE DER ALGEN

Dies ist ein kurzes, aber wichtiges Kapitel, das **sich mit einer der häufigsten Sorgen von Aquarianern bei der Pflege von Aquarien befasst - dem unerwünschten Wachstum von Algen.** Es ist oft frustrierend und könnte dazu führen, dass Aquarianer die Pflege von Pflanzen in ihren Becken aufgeben.

"Hightech-Aquarium mit grünen Fadenalgen"

13.1 GÄNGIGE METHODEN ZUR BEKÄMPFUNG UND KONTROLLE VON ALGEN IN DER LITERATUR

- **Algizide und Antibiotika:** Algizide sind Chemikalien, die Algen vernichten sollen, aber in bepflanzten Aquarien oft mehr Schaden anrichten als Nutzen bringen können. Kupfer und Simazin sind häufige Bestandteile von Algiziden, die beide für Fische und Pflanzen giftig sind. Die Bestimmung der richtigen Dosierung, um Algen zu beseitigen, ohne Pflanzen und Fischen zu schaden, ist eine große Herausforderung. Wenn Algen absterben, setzen sie außerdem Giftstoffe frei, und es ist nicht ungewöhnlich, dass das plötzliche Absterben von Algen unseren Tieren schadet.

  Was Antibiotika betrifft, so scheinen Cyanobakterien mit Antibiotika wie Erythromycin beseitigt werden zu können. Manchmal können die Bakterien jedoch nach der ersten Behandlung eine Resistenz entwickeln, und höhere Dosen können den Pflanzen schaden. Unser Aquarium funktioniert wie ein Ökosystem und reagiert schlecht auf Toxine oder Antibiotika. Selbst wenn das Problem zunächst wirksam ist, wird es mit hoher Wahrscheinlichkeit wieder auftreten.

- **Reduzierte Lichtperiode:** Algen sind ähnlich wie Unterwasserpflanzen und können nur einen Bruchteil des Sonnenlichts nutzen, was sich negativ auf die Lichtintensität auswirkt. Die meisten Algen gedeihen bei wenig Licht. Der Mechanismus, durch den Pflanzen bei Sonnenlicht zu gedeihen scheinen, könnte mit Eisen zusammenhängen, da Sonnenlicht die Verfügbarkeit von Eisen für Pflanzen erhöht. Wenn wir das Aquarium abdecken, um das Licht zu blockieren, schaden wir auch unseren Pflanzen.

- **Wasserwechsel**: Viele Hobbyisten berichten, dass sie die Algen mit Wasserwechseln nicht bekämpfen können. Außerdem haben wir Gründe genannt, warum übermäßig häufige Wasserwechsel im Aquarium schädlich sein können.

- **Fische, Krabben und Schnecken:** Diese Organismen können bei der Algenbekämpfung nützlich sein. Schnecken helfen auch bei der Reinigung von Pflanzenblättern. Einige Schneckenarten fressen verrottende Pflanzenteile (wir empfehlen "Physas" und "Planorbis", die leicht erhältlich und preiswert sind). Sich bei der Algenbekämpfung ausschließlich auf diese Tiere zu verlassen, kann auf lange Sicht jedoch kontraproduktiv sein. Sie neigen dazu, die Algen zu fressen, die sie bevorzugen, und es ist nur eine Frage der Zeit, bis einige Algenarten auftauchen, die sie nicht fressen wollen. Uns ist zum Beispiel keine Aquarienfischart bekannt, die gerne Cyanobakterien frisst.

- **Phosphat-Entfernung:** Es ist allgemein anerkannt, dass Phosphat das Algenwachstum in Süßwasser begrenzt. Die Phosphatkonzentration in unbelastetem natürlichem Wasser ist sehr niedrig und liegt zwischen 0,003 und 0,02 mg/l P. Viele Algenarten können nicht unter 0,02 mg/L Phosphat wachsen. Unsere Aquarien haben jedoch in der Regel viel höhere Phosphatwerte (1-5 mg/L oder mehr). Phosphat wird kontinuierlich über das Fischfutter zugeführt, so dass es schwierig ist, das Algenwachstum zu kontrollieren, indem man versucht, den Phosphatgehalt zu regulieren.

Die Wahrheit ist, dass in gut eingerichteten Aquarien mit Pflanzen signifikante Algenprobleme selten sind. Auf die Gründe dafür werden wir gleich näher eingehen.

13.2 KONKURRENZ ZWISCHEN ALGEN UND PFLANZEN

Algen zeichnen sich in der Regel dadurch aus, dass sie Licht und Nährstoffe effizienter nutzen als Pflanzen. Dennoch gibt es ermutigende Studien, die zeigen, dass die Algenpopulation durch die Zugabe von "Elodea" in Teiche von 6.600 Zellen/ml auf 430 Zellen/ml reduziert werden konnte.

A. VORTEILE VON ALGEN GEGENÜBER PFLANZEN

- **Bessere Anpassung an wenig Licht:** Wasserpflanzen haben in der Regel einen höheren Lichtbedarf als viele Algen.
- **Bessere Anpassung an das Lichtspektrum**: Während Pflanzen und Grünalgen Chlorophyll besitzen, das vorwiegend rotes und blaues Licht absorbiert, besitzen viele Algen zusätzliche photosynthetische Pigmente, die es ihnen ermöglichen, das gesamte Lichtspektrum effektiv zu nutzen.

- **Bessere Anpassung an hohe pH-Werte:** Einige Pflanzen, vor allem solche, die neben CO2 auch Bikarbonat als Kohlenstoffquelle nutzen können, konkurrieren unter hohen pH-Werten besser mit Algen. Beispiele hierfür sind "Vallisneria", "Fuchsschwanz" und "Elodea".
- **Bessere Aufnahme von Nährstoffen aus dem Wasser:** Bestimmte Algenarten sind bei der Nährstoffaufnahme aus dem Wasser geschickter als Pflanzen. Während Pflanzen bei einem Phosphatgehalt von 0,075 mg/L nur schwer wachsen können, können einige Algen diese Phosphate problemlos verzehren.
- **Größere Artenvielfalt:** In einem Aquarium gibt es nur die Pflanzenarten, die absichtlich eingeführt wurden und die sich möglicherweise nicht gut an die Bedingungen im Aquarium anpassen. Im Gegensatz dazu können Algen über verschiedene Wege in das Aquarium gelangen, z.B. über Fische, Pflanzen, Substrate und Sporen aus der Luft.

B. VORTEILE VON PFLANZEN GEGENÜBER ALGEN

- **Wurzeln:** Pflanzen können Nährstoffe aus dem Substrat ziehen und sind nicht nur auf Nährstoffe aus dem Wasser angewiesen.
- **Aufstrebende Pflanzen:** Diese Pflanzen können das Licht in seiner vollen Intensität nutzen und CO2 aus der Luft absorbieren, wodurch sie die Beschränkungen bei der Nutzung des Kohlenstoffs überwinden, ähnlich wie bei untergetauchten Pflanzen.
- **Nährstoffreserven:** Pflanzen können ihre Nährstoffreserven auch dann nutzen, wenn die Temperatur-, Licht- und Nährstoffbedingungen nicht ideal sind.

"Low-Tech-Aquarium mit selbstgemachtem Substrat, das nur minimale Pflege erfordert, ohne CO2-Zufuhr und algenfrei"

13.3 FAKTOREN, DIE DIE ALGENBEKÄMPFUNG BEEINFLUSSEN

In Anbetracht der obigen Ausführungen sollten die folgenden Faktoren beachtet werden:

- **Aufstrebende und schwimmende Pflanzen:** Diese Pflanzen wachsen viel schneller als vollständig untergetauchte Pflanzen, was zu einem erhöhten Nährstoffverbrauch im Aquarium führt und möglicherweise das Algenwachstum anregt. Sie können auch dazu beitragen, überschüssiges Licht zu reduzieren, das die untergetauchten Pflanzen nicht benötigen, was sie möglicherweise vor Algen schützt. Anstatt die Lichtintensität zu reduzieren, könnte es ratsam sein, eine moderate Intensität beizubehalten und Schwimmpflanzen hinzuzufügen, um das Auftauchen von Unterwasserpflanzen zu fördern.
- **Eisen:** Eisen könnte der limitierende Nährstoff für das Algenwachstum in unseren Aquarien sein, da andere Nährstoffe wie Nitrat und Phosphat reichlich vorhanden sind. Aus diesem Grund kann es bei der Einrichtung von Aquarien mit Topf- oder Gartensubstrat zu Problemen kommen, da in den ersten 2 Monaten eine beträchtliche Menge Eisen ins Wasser gelangen kann. Nach diesem Zeitraum nehmen die Probleme in der Regel ab. Die Pflanzen werden weiterhin Eisen aus dem Substrat ziehen, aber die Algen sind ausschließlich auf das freie Eisen im Wasser angewiesen. Denken Sie daran, dass Sie das Topfsubstrat unbedingt mit mindestens 2,5 cm Kies abdecken müssen.

- **Allelopathie:** Pflanzen geben Chemikalien in das Wasser ab, die das Algenwachstum teilweise hemmen können. Umgekehrt können auch die Algen diese Chemikalien freisetzen und das Pflanzenwachstum hemmen.

- **Auftauchen neuer Algenarten:** In unseren Aquarien besteht ein empfindliches Gleichgewicht zwischen Pflanzen und Algen. Gelegentlich kann es vorkommen, dass in reifen Aquarien mit gut wachsenden Pflanzen und ohne vorherige Probleme unerwartet eine neue Algenart auftaucht und das gesamte Becken bedeckt. Dies ist zwar eine Ausnahme, aber es ist wahrscheinlich, dass ein Ungleichgewicht im Ökosystem besteht, das wir noch nicht erkannt haben.

Es gibt zahlreiche Variablen bei der Pflege eines bestimmten Aquariums und mögliche Probleme, die auftreten können. Es wäre unmöglich, sie alle in einem Buch zu behandeln. Aber wenn wir die kleinen Tipps, die wir sehen, berücksichtigen, ist es sehr wahrscheinlich, dass wir mit vielen von ihnen nicht konfrontiert werden müssen. Und wenn sie doch auftauchen, können Sie sie mit diesen Hilfsmitteln lösen!

Ein ausgewachsenes Aquarium ist ein komplexes Ökosystem. Selbst wenn ein Aquarium identisch mit einem anderen eingerichtet ist, wird es im Laufe der Zeit zweifellos seine eigenen einzigartigen Eigenschaften entwickeln. Alles, was wir tun können, ist, ein Aquarium einzurichten, **die gegebenen Ratschläge zu befolgen und zu hoffen, dass es sich in die gewünschte Richtung entwickelt.** *Wenn wir es richtig machen, können wir wahrscheinlich viele Probleme vermeiden.*

14 DIE BEWOHNER DES AQUARIUMS

Die Auswahl der richtigen Tiere ist ein entscheidender Aspekt bei der Schaffung eines florierenden Ökosystems. Jede Art hat spezifische Wasser- und Pflegebedürfnisse. Einige haben ein breites Spektrum an idealen Parametern, während andere eher eingeschränkt sind.

Wenn wir die Zeit, die wir für die Auswahl unserer Fische, Garnelen und Wirbellosen aufwenden, mit dem Aufwand vergleichen, der in andere Aspekte des Projekts investiert wird, ist er relativ gering.

"Gemeinschaftsaquarium"

Wenn Sie sich nur zwei Stunden Zeit nehmen, können Sie eine Liste der bevorzugten Arten zusammenstellen, ihre Pflegeanforderungen und idealen Bedingungen prüfen und entscheiden, welche Arten sich am besten für Ihr Ökosystem eignen. Berücksichtigen Sie Faktoren wie Wasserparameter (GH oder ppm), Temperatur usw. sowie die ideale Dekoration. **Diese Investition an Zeit ist minimal, kann Ihnen aber in Zukunft erhebliche Unannehmlichkeiten ersparen.**

Wie in den ersten Abschnitten dieses Buches über die Auswahl eines Aquariums beschrieben, **gibt es zwei Hauptansätze:**

1. **Einrichten eines speziellen Aquariums:** Wenn Sie eine bestimmte Art oder Gruppe von Arten im Sinn haben und ein auf sie zugeschnittenes Aquarium einrichten möchten. Zum Beispiel: "Ich möchte ein Aquarium mit dem Biotop des Tanganjikasees einrichten."

2. **Die Wahl der richtigen Arten für Ihr ideales Aquarium:** Dies ist eher bei Anfängern in der Aquaristik üblich. Sie wählen das Volumen des Aquariums und andere Ausrüstungsgegenstände auf der Grundlage des verfügbaren Platzes, des Budgets, der zeitlichen Beschränkungen und der persönlichen Vorlieben aus. Die Frage ist also: Wie wählen Sie die Arten aus und bestimmen die Anzahl der Fische für Ihr Aquarium?

Im ersten Fall vermittelt Ihnen dieses Buch die Grundlagen, um die Basis für Ihr Ökosystem zu schaffen. Danach müssen Sie sich mit der von Ihnen gewählten Tierart befassen: ihre Pflege, die idealen Bedingungen usw., und die

Ausrüstung bei Bedarf entsprechend anpassen. Unten finden Sie eine Liste mit den "Wichtigsten Aspekten jeder Tierart in Bezug auf Pflege und Lebensraum", die für die Anpassung Ihres Ökosystems von unschätzbarem Wert sein wird.

Im zweiten Fall, wenn Sie sich bereits für ein Becken und andere Ausrüstungsgegenstände entschieden haben, geben wir Ihnen eine Anleitung, wie Sie die idealen Fische für Ihr Aquarium auswählen:

14.1 WIE WÄHLT MAN DIE ART UND ANZAHL DER FISCHE AUS?

WIE ERFORSCHT MAN FISCHARTEN VON ANFANG AN?

- Führen Sie Online-Recherchen durch: Suchen Sie nach Leitfäden über die Kompatibilität von Fischen, anfängerfreundliche Fische, Leitfäden über Fische für kleine oder große Aquarien usw., und lesen Sie diese.
- Erkunden Sie lokale Quellen: Schauen Sie auf den Websites Ihres Landes nach, um die verfügbaren Arten zu entdecken. In Spanien zum Beispiel finden Sie Informationen unter www.dnatecosistemas.es, die fast alle verfügbaren Arten abdecken.
- Visualisieren Sie: Sehen Sie sich Bilder und Videos von Aquarien und bestimmten Arten an, um deren Verhalten zu verstehen.
- **Erstellen Sie eine Liste: Notieren Sie die Namen der Arten, die Ihnen am besten gefallen.**

Wir raten davon ab, Fisch per Paket zu versenden, obwohl dies leider eine gängige Methode ist, um ihn in die Geschäfte zu bringen. Wir sind der Meinung, dass diese Praxis, wann immer möglich, vermieden werden sollte.

Sobald Sie eine Liste von 5, 10 oder 15 Arten zusammengestellt haben, recherchieren Sie jede einzelne Art bei Google, indem Sie nach "Fischpflege + (Name der Art)" suchen. Vergleichen Sie die Informationen aus mindestens zwei verschiedenen Quellen. Konzentrieren Sie sich auf die folgenden Merkmale:

DIE WICHTIGSTEN ASPEKTE DER EINZELNEN FISCHARTEN IN BEZUG AUF PFLEGE UND LEBENSRAUM

- **Empfohlenes Mindestvolumen des Aquariums** für diese Art.
- Ungefähre **Größe** des Exemplars **als Erwachsener**.
- Ideale Wasserbedingungen und Parameterbereich: **GH, Temperatur,** etc.
- **Diät** und Ernährung.
- **Verhalten und Verträglichkeit:** Sind es ruhige oder aktive Fische? Sind sie für Gesellschaftsaquarien geeignet? Gedeihen sie in Gruppen oder Schulen? Was ist die empfohlene Gruppengröße? Sind sie territorial?
- Bevorzugte Schwimmhöhe im Aquarium: Halten sie sich am Boden, an der Oberfläche oder in der Mitte des Aquariums auf?
- **Empfohlene Dekorationselemente**: Natürliche Pflanzen, Verstecke, freier Raum ohne Dekoration?
- Details zur **Fortpflanzung** (für diejenigen, die an der Zucht von Fischen interessiert sind).

Auf diese Weise können Sie Fischarten ausschließen und Ihre **Auswahl auf maximal 3-4 Arten** eingrenzen**, die für ein 100-Liter-Aquarium geeignet sind**. Für ein 60-70-Liter-Aquarium können 2-3 Fischarten ausreichend sein. Denken Sie daran, dass **viele Arten in Gruppen oder Schulen leben.** Wenn Sie sie trennen, kann dies zu Stress, Verstecken, schlechter Fütterung und einer Beeinträchtigung der Gesundheit führen.

Überlegen Sie außerdem, wo die Fische im Aquarium schwimmen - ob an der Oberfläche, in der Mitte oder am Boden. Es ist ideal, ein Gleichgewicht zwischen den verschiedenen Ebenen des Aquariums aufrechtzuerhalten, um eine Überbevölkerung auf einer bestimmten Ebene zu vermeiden.

Die Tatsache, dass ein Fisch innerhalb seiner Art territorial ist, bedeutet nicht unbedingt, dass er dasselbe Verhalten auch gegenüber anderen Arten zeigt. Vertiefen Sie diese Aspekte je nach Ihren Interessen.

Und das Wichtigste: Widerstehen Sie der Versuchung, Ihr Aquarium zu überfüllen!

14.2 WIE VIELE FISCHE KÖNNEN SIE JE NACH GRÖßE IHRES AQUARIUMS HALTEN?

Als allgemeine Richtlinie ist es ratsam, **für jeden Zentimeter Fisch einen Liter Wasser** bereitzustellen. Diese Regel gilt für viele kleine tropische Fische, wie Salmler, Rasboras, Guppys, Platys, einige Regenbogenfische und so weiter.

In der Praxis neigen wir jedoch oft dazu, unsere Aquarien zu überbevölkern. **In einem 60-Liter-Aquarium** könnte eine ideale Population aus **etwa 15-20 Fischen bestehen, die jeweils etwa 3-4 cm groß sind.**

In diesem Buch haben wir immer wieder betont, wie wichtig es ist, ein wenig mehr in die Filteranlage zu investieren oder sich für Aquarien mit natürlichen Pflanzen zu entscheiden. Ein Grund für diese Empfehlung ist die häufig auftretende Überbevölkerung in Aquarien.

Die Größe der Fische ist jedoch **nicht der einzige Faktor, der den geeigneten Fischbestand für Ihr Aquarium bestimmt.**

ZU BERÜCKSICHTIGENDE FAKTOREN

- **1 cm Fisch für jeden Liter ist keine absolute Regel.** Fische wie Diskus oder Goldfische benötigen zum Beispiel 30-40 Liter Wasser für jedes erwachsene Exemplar. Ähnliche Empfehlungen finden Sie in den Pflegeblättern für jeden Fisch.
- **Die Filtrationskapazität Ihres Aquariums ist wichtig**. Eine höhere Durchflussrate, ausreichend Filtermedien und eine gute Qualität der Filtermedien ermöglichen einen größeren Fischbestand.
- **Auch die Anwesenheit von Pflanzen spielt eine Rolle.** Mehr Pflanzen bieten Versteckmöglichkeiten, reduzieren den Stress in überfüllten Becken und helfen, die Nitratkonzentration zu senken.
- **Denken Sie auch an andere Aquarienbewohner**, wie kleine wirbellose Tiere (Schnecken, Garnelen), da sie zu den Ablagerungen und dem organischen Material im Aquarium beitragen.

- **Die Häufigkeit der Wasserwechsel und der Bodenreinigung**. Mehr Fische bedeuten eine schnellere Nitratbildung, was eine häufigere Wartung erforderlich macht.

Denken Sie daran, bei diesen Berechnungen die Größe des Fisches zu berücksichtigen.

Hier ein weiterer wichtiger Tipp: Um das Krankheitsrisiko zu minimieren, vermeiden Sie es, Fische oder andere Organismen aus anderen Aquarien einzuführen. Zu Beginn kann dies eine Herausforderung sein. Daher ist es wichtig, ein seriöses Geschäft für den Kauf von Tieren und Pflanzen zu wählen. Sie können auch Fische von anderen Aquarianern kaufen. Vergewissern Sie sich, dass das Geschäft saubere Aquarien ohne kranke Tiere unterhält, und erkundigen Sie sich nach den Quarantäneverfahren für Neuankömmlinge oder kranke Tiere.

Wer die Möglichkeit hat, ein zweites Becken einzurichten, sollte neue Fische zwei Wochen lang unter Quarantäne stellen, bevor er sie in das Hauptaquarium setzt.

WOHER BEKOMMEN SIE IHREN FISCH?

Es ist wichtig, ein vertrauenswürdiges Geschäft zu finden. Wenn Sie in Murcia, Spanien, sind, empfehlen wir **"Aquarium Centrofama". Sie** bieten Ausrüstung, Pflanzen und Dekoration an und sind besonders für ihre **gut gepflegten Ökosysteme und gesunden Fische**, vor allem Diskusfische, bekannt. Dadurch wird die Wahrscheinlichkeit, Fische mit übertragbaren Krankheiten in Ihr Aquarium einzuschleppen, erheblich reduziert.

Eine weitere Möglichkeit besteht darin, Fische von anderen Hobbyisten zu kaufen. Achten Sie jedoch auf die Gesundheit ihrer Aquarien und Fische, bevor Sie sie in Ihre Einrichtung integrieren.

"Rote Kirsche Neocaridina"

FISCHE IN DAS AQUARIUM EINFÜHREN

Das erstmalige Einsetzen von Fischen und anderen Tieren in Ihr Aquarium ist ein entscheidender Prozess, um die Gesundheit und das Wohlbefinden Ihrer Wasserbewohner sicherzustellen und gleichzeitig die Stabilität des Ökosystems zu erhalten. Üben Sie sich in Geduld und befolgen Sie diese einfachen Schritte:

Allgemeine Empfehlungen

1. **Akklimatisierung**: Wenn Sie mit den Fischen nach Hause kommen, ist es wichtig, sie zu akklimatisieren, um den Stress zu reduzieren. Schalten Sie die Aquarienbeleuchtung aus und lassen Sie den versiegelten Beutel etwa 15-20 Minuten auf der Wasseroberfläche schwimmen, um die Wassertemperatur im Beutel an die des Aquariums anzupassen.
2. Öffnen Sie den Beutel nach 5-10 Minuten und **fügen Sie in regelmäßigen Abständen** von 10-15 Minuten **Aquarienwasser in kleinen Mengen hinzu**.
3. Setzen Sie diesen Vorgang **mindestens 1 Stunde** lang fort**, bis mindestens 2/3 des Wassers in dem Beutel aus Ihrem Aquarium stammen.**
4. Lassen Sie die Fische anschließend vorsichtig frei. Verwenden Sie einen Kescher, um die Fische vorsichtig aus dem Beutel in das Aquarium zu befördern**. Gießen Sie das Wasser aus dem Beutel nicht in das Aquarium**, da es krankheitserregende Mikroorganismen oder Algen enthalten kann.

Bei wirbellosen Tieren, wie z.B. Garnelen, ist der Akklimatisierungsprozess ähnlich wie bei Fischen. Sie haben jedoch eine **geringere Toleranz gegenüber Veränderungen**. Beginnen Sie mit der Zugabe von Aquarienwasser in noch **kleineren Mengen**, und der Prozess der Zugabe von Aquarienwasser sollte in diesem **Fall mindestens 2 Stunden** dauern.

Denken Sie daran, dass die Einführung neuer Bewohner mit Vorsicht und Geduld erfolgen sollte. Informieren Sie sich über die spezifischen Anforderungen der Arten, die Sie einführen möchten, und befolgen Sie die richtigen Schritte, um sicherzustellen, dass sie sich reibungslos an ihren neuen Lebensraum anpassen."

Wir haben mit viel Enthusiasmus und Hingabe an diesem Buch gearbeitet, in der Hoffnung, dass Sie noch mehr Freude an diesem Hobby haben werden. Wir hoffen, Sie haben gefunden, was Sie gesucht haben.

Bis zum nächsten Mal!

ANHANG 1. CHEMISCHE FILTRATION

Die chemische Filtration kann eingesetzt werden, um bestimmte Wasserparameter oder die Konzentration bestimmter Verbindungen zu verändern. Es gibt eine große Auswahl an Produkten, jedes mit seinen eigenen Funktionen und Eigenschaften. Diese werden eingesetzt, um die Wasserbedingungen in ganz bestimmten Fällen zu optimieren.

Denken Sie daran: Verwenden Sie KEINE chemischen Filtermaterialien, die während des Zyklus Nitrate oder organische Stoffe aus dem Aquarium entfernen; dies wird den Zyklus verzögern. Außerdem können die meisten dieser Methoden in bepflanzten Aquarien nicht dauerhaft eingesetzt werden.

ANWENDUNGEN DER CHEMISCHEN FILTRATION

- Zur Entfernung von Stickstoffverbindungen, Nebenprodukten des Abbaus organischer Stoffe (Nitrat, Nitrite, Ammonium...) und auch Phosphaten:
    - **Dauerhafte Verwendung:** In nicht bepflanzten Aquarien, um die Notwendigkeit von Wasserwechseln zu reduzieren und das Algenwachstum zu begrenzen.
    - **Gelegentliche Verwendung:** Zum Beispiel, um grünes Wasser zu bekämpfen, das durch einzellige Algen verursacht wird, indem man ihnen die Nährstoffe entzieht, die sie verwerten, und einen Teil dieser einzelligen Algen zurückhält.
    - Ändern Sie den pH-Wert.

- Beseitigung von Medikamentenresten nach einer Behandlung.
- Beseitigen Sie unangenehme Gerüche.
- Beseitigen Sie die vom Holz freigesetzten Gerbstoffe, wenn Sie klares Wasser bevorzugen.

Die chemischen Medien sollten in unserem Filter als letztes im Wasserfluss platziert werden, nach der biologischen Filterung.

Aktivkohle ist seit jeher das Standard-Filtermaterial, das leicht verfügbar, kostengünstig und hoch funktionell ist. Es sind jedoch auch andere Optionen aufgetaucht, wie z.B. **synthetische Adsorberharze**, die Vorteile gegenüber Aktivkohle bieten: Sie können für bestimmte Zwecke eingesetzt werden, wie z.B. zur Adsorption und Reduzierung der Phosphatkonzentration im Wasser (als vorbeugende Maßnahme gegen Algen), zur Adsorption von Kalzium- und Magnesiumionen, um die Wasserhärte zu senken, oder zur Adsorption von Stickstoffverbindungen. Einige dieser synthetischen Harze **haben KEINEN "Rebound-Effekt":** Sobald sie die Verbindungen aus dem Wasser entfernt haben, führen sie diese nicht wieder ein, wenn sie gesättigt sind, im Gegensatz zu Aktivkohle.

Andererseits führen säuernde Torfe Gerbsäure und Huminsäuren in das Wasser ein und senken den pH-Wert des Aquariums.

EINIGE CHEMISCHE FILTER MEDIEN

A. AKTIVKOHLE FÜR DAS AQUARIUM

Bewahren Sie es hermetisch verschlossen auf, da es Stoffe aus der Luft aufnehmen kann. **Einmal gesättigt, kann es nicht wiederverwendet werden**. Wenn Sie ihn in den Aquarienfilter legen, umhüllen Sie ihn mit einem Strumpf oder einem anderen feinmaschigen Material.

Es ist wichtig, dass Sie **Aktivkohle** kaufen**, die für die Verwendung in Aquarien geeignet ist**, denn manche sind zwar billiger, aber potenziell giftig.

Aktivkohle **kann zur Senkung der Nitrat-, Nitrit-, Ammonium- und Phosphatwerte sowie zur Entfernung bestimmter Medikamente aus dem Wasser verwendet werden**. Im Allgemeinen sollten 24-48 Stunden ausreichen, um ein Medikament aus dem Wasser zu entfernen. Um ein Algenproblem zu bekämpfen, sollte eine vorübergehende Anwendung von 7-10 Tagen ausreichend sein (während die Ursache des Problems behoben wird).

Denken Sie daran, dass dieses Material, wenn es gesättigt ist, die Verbindungen, die es zuvor entfernt hat, wieder an das Wasser abgibt.

B. VERSAUERNDE TORFE

Säuernde Torfarten führen dem Wasser verschiedene Substanzen zu, um den pH-Wert zu senken. Sie färben das Wasser durch die von ihnen freigesetzten Gerb- und Huminsäuren, was der natürlichen Farbe des Wassers in bestimmten Fischhabitaten wie "Killifischen" und anderen aus dem Amazonasgebiet ähnelt. Sie können für **bestimmte Biotope** verwendet werden oder um das Wasser für Arten zu konditionieren, die einen niedrigeren pH-Wert benötigen.

WARUM SOLLTEN SIE NICHT WEITHIN CHEMISCHE FILTERMEDIEN VERWENDEN?

- **Kosten:** Etwa 15 Euro für jedes Produkt, bei einer Menge, die für die Behandlung von 100-200 Litern für 1 Jahr ausreicht.
- Auch wenn sie auf lange Sicht Vorteile bieten, können sie **das Aquarienmanagement anfangs verkomplizieren**. Es handelt sich um eine zusätzliche Technik, die erlernt werden muss und eine Investition von Zeit erfordert.
- Sie erfordern eine **größere Filteranlage** oder einen zusätzlichen Filter.
- Wenn Sie die Ratschläge in diesem Leitfaden befolgen, können Sie ein gesundes Aquarium mit idealem Wasser pflegen, ohne auf zusätzliche Produkte zurückgreifen zu müssen.
- Eine dauerhafte Verwendung ist nur in Aquarien ohne Pflanzen möglich.

SYNTHETISCHE ADSORBERHARZE

Lassen Sie uns über zwei besonders nützliche Produkte sprechen. Das eine ist **ein Harz, das stickstoffhaltige Verbindungen** wie Ammoniak, Nitrite und Nitrate **absorbiert**, während das **andere Phosphate aus dem Wasser entfernt**. Die Verwendung einer Kombination aus beiden in einem bepflanzten Aquarium kann eine effektive Methode sein, um Algen zu bekämpfen und die Häufigkeit der Wasserwechsel zu reduzieren.

Es gibt auch **entkalkende Harze**, die Kalziumkarbonat und Magnesium aus dem Aquarium absorbieren und so die GH des Wassers reduzieren. **Ihre Verwendung ist** jedoch **völlig unnötig**, wenn Sie das Wasser so aufbereiten, wie wir es erklärt haben, was einfacher und kostengünstiger ist.

A. SEACHEM PURIGEN

Seachem Purigen enthält ein synthetisches makroporöses Polymer, das stickstoffhaltige Verbindungen wie Ammoniak, Nitrit und Nitrat effektiv aus dem Wasser entfernt. Seine Auswirkungen auf andere Verbindungen sind minimal.

Es kann regeneriert werden, indem es mit Chlor (Bleichmittel) behandelt wird, sobald es aufgebraucht ist. Ein 100-ml-Beutel Purigen kann bis zu 400 Liter Wasser 6 Monate lang behandeln.

Der Preis für einen 100ml-Beutel beträgt ungefähr 15 Euro.

B. SEACHEM PHOSGUARD

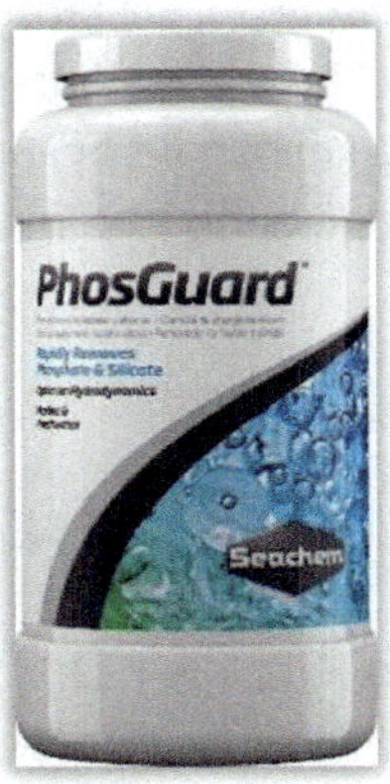

Seachem PhosGuard wurde entwickelt, um Phosphat und Silikat aus dem Wasser zu entfernen. Ein 100-ml-Beutel dieses Produkts kann je nach Phosphat- und Silikatkonzentration im Wasser bis zu 120 Liter für 6 Monate behandeln. Wichtig ist, dass PhosGuard kein Austauschharz ist und keine Stoffe an das Wasser abgibt.

PhosGuard führt dem Wasser keine Phosphate oder Silikate wieder zu (ähnlich wie Purigen) und kann bis zur Erschöpfung entfernt, getrocknet und wiederverwendet werden.

Der Preis für einen 250ml-Beutel beträgt ungefähr 15 Euro.

EIN BEISPIEL FÜR DEN EINSATZ DER CHEMISCHEN FILTRATION

Wir empfehlen die chemische Filterung für **Aquarien ohne Pflanzen mit dem Ziel, Phosphate und Nitrate auf 0 zu reduzieren.** Dieser Ansatz hilft, das Risiko von Algenwachstum im Aquarium zu minimieren, eine ausgezeichnete Wasserqualität ohne diese Giftstoffe für unsere Wasserbewohner zu erhalten und die Wartungsintervalle für Aufgaben wie Wasserwechsel, Algenreinigung und Glaspflege zu verlängern.

Es gibt jedoch einige Dinge zu beachten. Wir müssen darauf achten, dass das Filtermaterial ersetzt wird, wenn es gesättigt ist.

Denken Sie daran, dass der primäre und wichtigste Aspekt der Filtration die biologische Filtration ist. Wenn es der Platz erlaubt, kann eine dünne Schicht mechanischer Filterung mit einem Schaumstoffschwamm hinzugefügt werden, gefolgt von der Überlegung, eine chemische Filterung in alle verfügbaren Fächer einzubauen. Es ist wichtig, die chemische Filtration nach der biologischen Schicht und als letzten Schritt vor dem Austritt des Wassers aus dem Filter zu platzieren. Achten Sie darauf, dass der Wasserfluss nach der Platzierung des Filtermaterials nicht zu stark behindert wird. Ein Übermaß an Filtermaterial ist sinnlos, wenn das Wasser nicht effektiv hindurchfließen kann.

Wenn Ihr aktueller Filter diese Bedingungen nicht erfüllt, müssen Sie möglicherweise einen zweiten Filter für die chemische Filterung anschaffen oder sich gegen die chemische Filterung entscheiden.

Wir empfehlen, mit zwei Produkten zu beginnen, obwohl es viele andere mit ähnlichen Eigenschaften gibt:

- **SEACHEM PHOSGUARD** - 250ML (14 Euro). Verwenden Sie 100 ml pro 120 Liter Wasser im Aquarium, mit einer Wirkungsdauer von etwa 6 Monaten. Nicht wiederverwendbar. Entfernt Phosphate und Silikate aus dem Wasser.
- **SEACHEM PURIGEN** - 100ML (15 Euro). Ein 100 ml Beutel Purigen behandelt bis zu 400 Liter Wasser für sechs Monate. Er ist wiederverwendbar. Es entfernt organisches Material, bevor es sich in Nitrat umwandelt, d.h. es entfernt kein Nitrat aus dem Wasser.

Diese Produkte sind relativ einfach zu verwenden und werden mit ausführlichen Anleitungen geliefert. Sie können auch hilfreiche Anleitungen auf YouTube und in Blogs finden, in denen andere Aquarianer ihre Erfahrungen teilen. Da Fehlinformationen weit verbreitet sind, ist es wichtig, Informationen zu vergleichen und zuverlässige Quellen auszuwählen.

DIE VIERTE METHODE ZUR SENKUNG DER NITRATE

Zusätzlich zu den wöchentlichen Wasserwechseln, den allgemeinen Maßnahmen zur Reduzierung der Nitratproduktion (wie Pflanzen, ein ausgewogener Tierbestand und die Vermeidung von Überfütterung) und der chemischen Filterung gibt es noch eine weitere Methode, die bereits im Kapitel über die Filterung erwähnt wurde. Ihre Wirkung auf die Nitratreduzierung ist jedoch nicht so groß wie die der früheren Empfehlungen.

Wir haben bereits erwähnt, dass nitrifizierende Bakterien aerob sind und Sauerstoff zum Überleben benötigen, aber **es gibt auch anaerobe Bakterien, die Nitrate entfernen können und nicht mit Sauerstoff koexistieren können.** Biologische Filtermaterialien sind oft porös, und einige, wie **"De Nitrate by Seachem",** besitzen eine hohe Porosität, die anaerobe Bedingungen (Abwesenheit von Sauerstoff) ermöglicht und die Entfernung von Nitraten aus dem Wasser unterstützt.

Obwohl diese Methode der Nitratentfernung nicht so bekannt ist, ist sie eine Überlegung wert. Es ist ein langsamer Prozess, der bestimmte Bedingungen in unseren Aquarien erfordert (wie in der Gebrauchsanweisung des Herstellers angegeben), und es ist keine alleinige Lösung, sondern kann andere Methoden ergänzen.

"Matrix" von Seachem ist ebenfalls sehr porös und könnte die Fähigkeit besitzen, Nitrate zu reduzieren. Dies könnte auch auf **"Pure by Neo Media" zutreffen.**

Sowohl für "Matrix" als auch für "Denitrate" von Seachem finden Sie bei Google Gebrauchsanweisungen, die Sie vor dem Kauf unbedingt lesen sollten. Denitrate" wird zum Beispiel nicht für Filter mit hohem Wasserdurchsatz empfohlen. **Um eines dieser Produkte zu kaufen, suchen Sie einfach den Produktnamen gefolgt von "kaufen" bei Google, um die günstigste Option zu finden.**

ANHANG 2. BEISPIELE UND BUDGETS FÜR EINE KOMPLETTE AUSRÜSTUNG

Wir haben zwei Beispiele zusammengestellt, um Ihnen zu zeigen, wie Sie auf der Grundlage der Informationen in diesem Buch eine vollständige Einrichtung auswählen können:

BEISPIEL 1. "DAS GOLDFISCHBECKEN"

Diese Einrichtung eignet sich für ein 200-Liter-Aquarium, das für Goldfische oder andere Süßwasserfischarten, die nicht viele Verstecke benötigen, wie Buntbarsche oder Diskus, konzipiert ist. Auch wenn jede Art spezifische Bedürfnisse hat, bleibt die Grundausstattung gleich.

"Goldfisch-Aquarium"

Zusammengefasst besteht diese Einrichtung aus einem 200-Liter-Aquarium mit externer Filterung, LED-Beleuchtung und einem Quarzsand-Substrat. Wir werden jede Komponente einzeln untersuchen und dabei diejenigen hervorheben, die unerlässlich sind und empfohlen werden, sowie diejenigen, die je nach den Umständen optional sind:

NOTWENDIGE UND EMPFOHLENE AUSRÜSTUNG

DER TANK

Wir haben uns für einen maßgefertigten Tank ohne Deckel entschieden, der mit "optischem" Frontglas ausgestattet ist, das für hervorragende Transparenz sorgt. Die Abmessungen sind 100 cm (Länge) x 40 cm (Breite) x 50 cm (Höhe). Wenn Sie in Spanien wohnen und bei "Aquariums Hispania" kaufen:

Preis: 170 Euro.

Suchen Sie nach Aquaristikfachgeschäften in Ihrer Region und vergleichen Sie die Preise, um das beste Angebot zu finden.

DER FILTER

Eheim Professionel Pro 4 350+: mit einer Durchflussmenge von 1050 Litern/Stunde und 5 Litern Kapazität für Filtermaterial. Der Durchmesser des Zu- und Ablaufschlauchs beträgt 16 mm (Innendurchmesser) und 22 mm (Außendurchmesser).

Der Filter wird mit allen notwendigen Filtermaterialien und Geräten geliefert.

Preis: 170 Euro.

LICHT

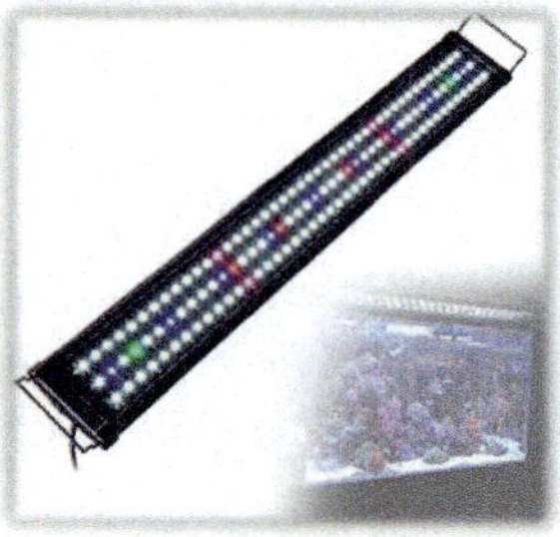

Eine LED-Lampe mit 5 Farben, geeignet für Aquarien mit einer Größe von 100-105 cm. Leistung: 23W und 5418lm Lumen. Erhältlich bei AliExpress.

Preis: 38 Euro.

SUBSTRATE

AXTON 25 kg Sack Quarzsand von Leroy Merlin. Wenn diese Marke nicht verfügbar ist, suchen Sie nach ähnlichen Optionen in Ihrer Region (wie im Abschnitt Substrat erklärt).

Preis: 5 Euro.

TDS-MESSGERÄT

Erhältlich in verschiedenen Geschäften, unter anderem bei AliExpress.

Preis: 7 Euro.

THERMOMETER

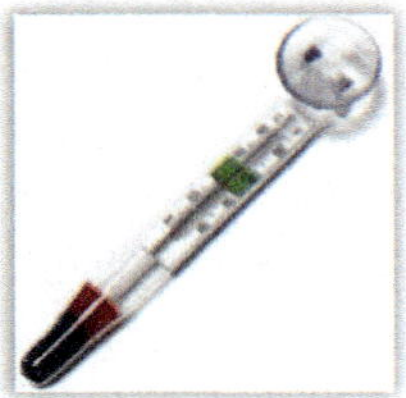

Ein einfaches Thermometer.

Preis: 1 Euro bei AliExpress

BAKTERIEN FÜR DEN RADSPORT (EMPFOHLEN)

Azoo Plus Ultrabioguard oder Microbe-Lift Spezialmischung. Wir empfehlen eine dieser beiden Marken, die beide ähnliche Ergebnisse liefern. Bevor Sie einen Kauf tätigen, sollten Sie sich gut informieren.

Preis: 20 Euro.

STECKDOSENLEISTEN, STECKDOSEN UND ZEITSCHALTUHREN

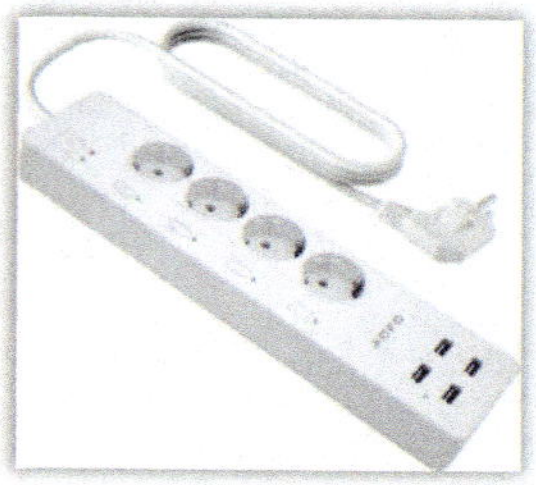

Zwei Optionen: eine Steckdosenleiste mit einem WiFi-Controller mit mindestens 4-6 Steckdosen oder eine Steckdosenleiste mit mindestens 4-6 Steckdosen und mindestens 2 Zeitschaltuhren. Der Preis auf AliExpress ist für beide Optionen gleich.

Preis: 20 Euro.

BELÜFTER (EMPFOHLEN).

Der empfohlene Belüfter aus dem entsprechenden Kapitel ist für dieses 200-Liter-Aquarium wahrscheinlich ausreichend. Alternativ können Sie Belüfter auf AliExpress für 8 Euro finden. Horizontale Röhren zur Erzeugung von Luftsäulen sind ebenfalls erhältlich.

Preis: 10 Euro.

GESAMTKOSTEN DER AUSRÜSTUNG FÜR EIN 200-LITER-AQUARIUM

In Anbetracht der Ausstattung ist das Preis-Leistungs-Verhältnis großartig:

441 Euro

GESAMTKOSTEN DER AUSRÜSTUNG FÜR EIN 100-LITER-AQUARIUM

Ein Aquarium mit ähnlichen Eigenschaften, aber mit einem Becken **von 100 Litern**, einem **Seachem Tidal 110** Filter und einer ähnlichen Lampe, die an die Größe des Beckens angepasst ist und ohne den Rest der Ausrüstung zu verändern, kostet:

226 Euro

Im Allgemeinen verdoppelt sich das Budget für Aquarien mit ähnlichen Merkmalen, ob bepflanzt oder nicht, nahezu, wenn das Volumen des Beckens verdoppelt wird.

OPTIONALE/UNWESENTLICHE AUSSTATTUNG

HEIZUNG (INDIZIEN)

Der Heizer ist nur optional, wenn Sie ein Kaltwasseraquarium einrichten.

Preis: 8-10 Euro (AliExpress).

VENTILATOR (INDIZIEN)

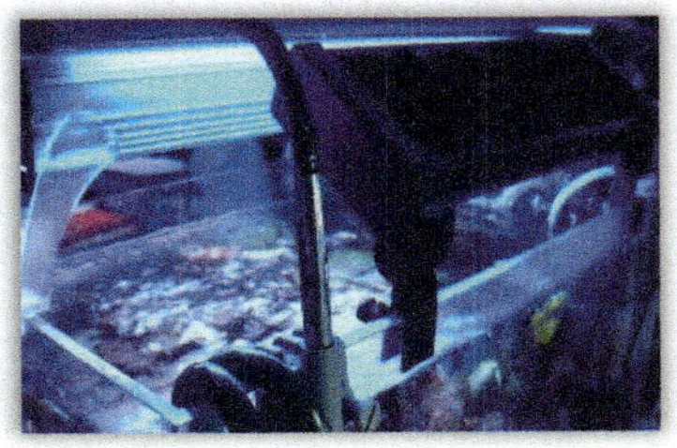

In warmen Regionen, vor allem im Sommer, sollten Sie einen Ventilator in Betracht ziehen, wenn die Wassertemperatur 28°C, insbesondere 30°C, überschreitet.

Preis: 25 Euro (AliExpress).

WASSERZULAUF UND -ABLAUF AUS TRANSPARENTEM GLAS (OPTIONAL)

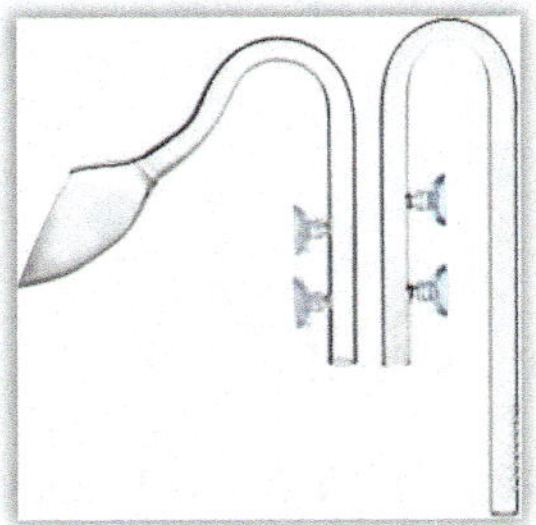

Dieses elegante Zubehör für Außenfilter ist bei AliExpress in verschiedenen Größen erhältlich, die zur Dicke der Filterschläuche passen.

Preis: 16 Euro (für beide)

VORFILTER (OPTIONAL/UMSTÄNDLICH)

Preis: 1 Euro (4 Stück auf AliExpress).

Es gibt auch zylindrische Filter mit einem Metallgitter, die noch besser sind als die mit einem Schwamm.

BEISPIEL 2. "MEIN WASSERGARTEN“

Dies ist ein Aquascaping-Aquarium. In diesem Fall könnten wir es trotz seiner geringen Größe (gemäß den Kriterien) als Aquascape nach holländischem Vorbild klassifizieren, bei dem das Hauptthema Pflanzen sind. Es handelt sich um eine komplexere Einrichtung als die vorherige, die mehr Fähigkeiten, Wissen, Aufmerksamkeit und Pflegezeit von Ihnen erfordert.

Wir haben uns für ein kleineres Aquarium entschieden, um einen deutlichen Kontrast in Bezug auf Ausstattung und Kosten im Vergleich zum 200-Liter-Beispiel zu schaffen.

"Hightech-Aquarium mit Pflanzen"

Zusammengefasst handelt es sich um ein 45-Liter-Aquarium, das mit einem Rucksack-Filtersystem, einer leistungsstarken LED-Beleuchtung, einem kombinierten Substrat von JBL Manado, einem CO2-System und täglichem Dünger ausgestattet ist. Wir werden jede Komponente einzeln besprechen, wobei wir das Wesentliche und die Empfehlungen hervorheben und die optionalen Elemente je nach Einzelfall besprechen:

NOTWENDIGE UND EMPFOHLENE AUSRÜSTUNG

DER TANK

Wir haben uns für ein maßgeschneidertes Aquarium ohne Deckel entschieden, das mit einer "optischen" Frontscheibe ausgestattet ist, um die Sicht zu verbessern. Seine Maße sind 50 cm (Länge) x 30 cm (Breite) x 30 cm (Höhe). Wenn Sie in Spanien sind, können Sie es bei "Aquariums Hispania" kaufen.

Preis: 48 Euro.

DER FILTER

Wir empfehlen den Tidal 75 von Seachem, einen leicht überdimensionierten Filter, wenn man die Abmessungen des Aquariums berücksichtigt. Die reichliche Zersetzung von organischen Stoffen aus Pflanzen wird erhebliche Mengen an Ammonium produzieren, was die Strömung im Filter beeinträchtigt. Der Filter wird mit allen notwendigen Filtermaterialien und Starthilfen geliefert.

Preis: 60-70 Euro.

LICHT

Entscheiden Sie sich für eine Chihiro's LED-Lampe mit einem Controller und 4 farbigen LEDs (rot, blau, grün und weiß). Geeignet für Aquarien von 45-60 cm. Sie bietet eine Leistung von 49W und 3600lm Lumen. Erhältlich bei AliExpress.

Preis: 135 Euro.

SUBSTRATE

Als Substrat empfehlen wir eine Kombination aus JBL Manado, JBL Aquabasis und Vulkangestein, wie im Kapitel Substrat beschrieben.

Preis: 30 Euro.

Ein hausgemachtes nährstoffreiches Substrat für Landpflanzen kann in der Tat eine praktikable und kostengünstige Option sein

TDS METER (**Preis: 7 Euro) +** ***THERMOMETER (*****Preis: 1 Euro auf AliExpress) +** ***BACTERIES FOR CYCLING (EMPFOHLEN)*** **(Preis: 20 Euro) +** ***POWER STRIPS, SOCKETS, AND TIMERS (***Preis: 20 Euro) + ***AIR BLOWER (EMPFOHLEN) (*****Preis: 15 Euro) +** ***FERTILIZER (Preis:*** 8 Euro)

TEST FÜR WASSER

Im besten Fall und entsprechend unserer Empfehlung, nur den Nitrat- und Phosphattest zu kaufen:

Preis: 40 Euro.

CO2-FLASCHE

Eine gebrauchte CO2-Flasche von einem Feuerlöschunternehmen kostet in Spanien 20 Euro.

Preis: 20 Euro.

CO2-REGLER

AliExpress. **Preis: 30 Euro.**

DIFFUSER

AliExpress. **Preis: 10 Euro.**

WERKZEUGE FÜR BEPFLANZTE AQUARIEN

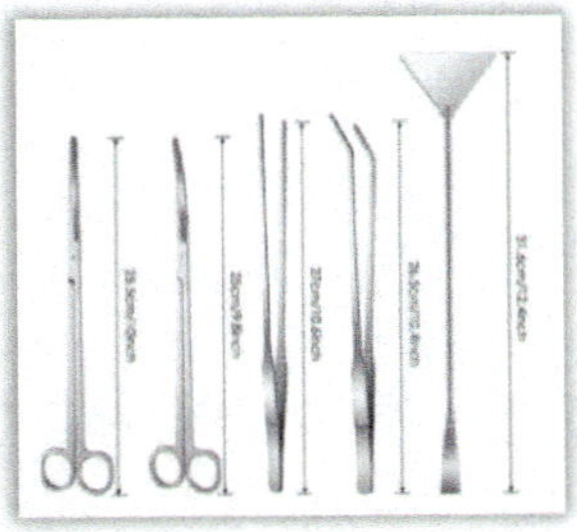

AliExpress. **Preis: 15 Euro.**

HEIZUNG

Für unsere Pflanzen muss das Wasser mindestens 18ºC warm sein.

Preis: 10 Euro (AliExpress).

GESAMTKOSTEN DER AUSRÜSTUNG FÜR EIN 50-LITER-AQUARIUM

Normalerweise sind die Kosten für ein bepflanztes Aquarium höher. Bei "Mejor Acuario" haben wir uns bemüht, die besten Techniken und Qualitätsgeräte zu vernünftigen Preisen zu finden.

460 Euro

GESAMTKOSTEN DER AUSRÜSTUNG FÜR EIN 90-LITER-AQUARIUM

Für ein ähnliches Aquarium mit einem 90-Liter-Becken, einem Eheim Pro 4 250-Filter und einer Lampe, die an die Größe des Beckens angepasst ist, während der Bodengrund erhöht wird, würden die Gesamtkosten betragen:

690 Euro

Zögern Sie nicht, uns zu kontaktieren!

Bis zum nächsten Mal!

Auf Facebook: https://www.facebook.com/Mejor-Acuario-100153475359250

Und auf Instagram: https://www.instagram.com/mejor_acuario/

Alejandro Sánchez Martínez

"Mejor Acuario", Spanien.

Printed by Amazon Italia Logistica S.r.l.
Torrazza Piemonte (TO), Italy

57894506R00098